キャプテンの言葉

野球
宮本慎也

ラグビー
廣瀬俊朗

TOYOKAN BOOKS

contents

はじめに

近年のスポーツ界では、国内の王座を争うトーナメントやリーグ戦だけでなく、4年に一度の祭典『オリンピック』を筆頭に、各競技単位で『ワールドカップ』『世界選手権』『〇〇グランプリ』といった国際大会が毎年のように開催されている。そうした大会における「日本代表」の戦いぶりは、その競技を以前から支持している固定ファンだけでなく、いわゆる一般層、子どもから大人まで幅広い年代の人たちの関心を集めるようになった。

なかでも注目度が高いのはチームスポーツだろう。2024年夏に開催されたパリオリンピックでも、サッカー、バレーボール、バスケットボールといった競技は、予選の段階からメディアに取り上げられる機会も多く、ファンはそれぞれのチームの戦いぶりをリアルタイムで応援し、試合後には勝因や敗因を検証し、人気選手のサイドストーリーを知り、まさに一喜一憂を繰り広げていた。

こうしたチームスポーツにおいては、プレーヤー（選手）は指揮官である監督（ヘッドコーチ）によってコントロールされるが、チームの指揮系統は必ずしもその一本の縦のラインだけで成立するものではなく、選手間における優秀な「リーダー」の存在は、チームが勝利を目指すうえで不可欠とされている。「チームリーダー」が選手のまとめ役として、そして監督と選手のつなぎ役として有機的に機能することで、強いチームがつくられていくのだ。

宮本慎也と廣瀬俊朗は、野球とラグビーという2つのメジャースポーツで、プレーヤーとしての実績、実力は言うに及ばず、誰もが認める「チームリーダー」として、それぞれの競技の中で強いリーダーシップを発揮してきた。所属するチームだけでなく、「日本代表」などの選抜チームでも何度もキャプテンを任され、グラウンドを離れても「選手会」のような自治組織で重責を担い、現場の意見を取りまとめて発信していく立場にあった。その姿は、日本のスポーツ界における「リーダー」の象徴といっても決して過言ではないだろう。

NPB（日本野球機構）を頂点に国内で高い人気と知名度を誇り、2021年の東京オリンピック、2023年のWBC（ワールド・ベースボール・クラシック）でともに優勝するなど、実力においても世界のトップにありながら、近年は技術面や制度・運営の面でもドラスティックな変革を求められている日本野球。

一方、日本ラグビーは、数においては野球に劣るが、1980年代の大学ラグビーブームなど潜在的なファンを持っている。国内最高峰のトップリーグ（現ジャパンラグビーリーグワン）が段階的なアップデートを重ねる中で、2019年のラグビーワールドカップ日本開催の成功で一気にファン層を拡大。2023年のラグビーワールドカップ・フランス大会後に日本代表の首脳陣も一新され、現在は新たなフェーズに入っている。

同じボールスポーツ（球技）でありながら、道具を用いる野球と、フィジカル要素が大きいラグビー。練習や試合に対する考え方や戦術観、チームリレーション、監督・コーチの立ち位置からして、だいぶ異なっている。

このように競技特性も競技環境もまったく異なる両スポーツで、彼らはどんな経歴を辿《たど》ってリーダーと呼ばれるようになり、その存在感を確立していったのだろうか。

2人のチームリーダーが、それぞれの競技の抱える問題点から、日本のスポーツ界の未来、令和の時代の指導論、求められるリーダー像と、多岐にわたるテーマで語り合う。

※本書に登場する選手の所属名は2025年2月1日時点のものとする。

第1章

それぞれのルーツ

宮本慎也は、数多くのプロ野球選手を輩出し、甲子園で何度も日本一に輝いた高校野球屈指の強豪・PL学園（大阪）の出身。宮本自身も2年生の夏の甲子園（1987年）で優勝を経験している。同志社大学から社会人野球のプリンスホテル（現在は廃部）を経て、24歳でヤクルトスワローズ（現東京ヤクルトスワローズ）に入団。スワローズでショートのレギュラーの座に就くと、プロ野球を代表する守備の名手として長く活躍を続けた。その間、チームのキャプテンを務めた時期もある。現役時代の晩年には労働組合・日本プロ野球選手会で、チームメイトでもあった前任者の古田敦也（元ヤクルト）を引き継ぎ、第6代選手会長に就任するなど、その「リーダーシップ」は野球界全体で広く認知されていた。日本代表としては、アテネ五輪（2004年）、第1回WBC（2006年）、北京五輪（2008年）などの国際試合に出場を果たし、アテネ、北京の両五輪のチームではキャプテンを務めた。

廣瀬俊朗は宮本とは11歳違いながら、同じ大阪府吹田市の出身。大阪屈指の進学校・府立北野高校の出身ながら、ラグビーでも高校日本代表でキャプテンに抜擢《ばってき》された、まさに「文武両道」のリーダーだった。慶應義塾大学、トップリーグの東芝ブレイブルーパス（現東芝ブレイブルーパス東京）と日本ラグビー界を代表する伝統校、強豪チームに進み、そこでもキャプテンを務めている。日本代表通算キャップ数28。２０１２年、30歳にして、当時新たに日本代表を率いることになったエディー・ジョーンズ（現日本代表ヘッドコーチ）に請われ、代表チームのキャプテンに就任。エディーが推し進めるチーム強化のため、選手のまとめ役として苦心した。２０１４年にキャプテンを退任した後も、精神的支柱としてチームを支え続けた廣瀬は、「ブライトンの奇跡」と呼ばれたワールドカップ・イングランド大会（２０１５年）の、対南アフリカ戦における歴史的逆転勝利の陰の立役者だった。２０１６年に設立された一般社団法人日本ラグビーフットボール選手会の初代会長に就任している。

いずれ劣らぬチームリーダーとしての経歴だが、意外にも2人は「生来のキャプテンタイプではなかった」と口にする。その言葉が本当であるならば、彼らのキャプテンの資質は、どこでどう備わり、熟成されていったものなのだろうか。

生まれは同じ大阪・吹田

宮本　廣瀬さんは子どもの頃、学校の中で、スポーツとは関係なく、常にクラスの中心にいたようなタイプですか？

廣瀬　いや、そうではなかったと思います。口数もそんなに多いほうではなかったですね。学校では周りがザワついていても、自分はいつも冷静でいたいという感じの子でした。

宮本　それは意外やなぁ。僕はもう何かあったらみんなを笑かしたいと考えていて、勉強では教室の後ろに引っ込んでますけど、遊びとなったら先頭に立つような子でした。その当時は普通に遊ぶことイコール野球みたいな環境でしたから、そしたら僕一人だけ、みんなよりちょっとうまいわけじゃないですか。だから自然とそうなっていたのかもしれません。かといって、みんなをまとめて引っ張っていこうみたいなところはまったくなくて、学校の行事とかでは、あんまりやらされたくないから、見えないところに潜んでいましたけどね。

廣瀬　へぇー、それも意外ですね。子どもの頃からずっと、どこに行っても「リーダー」みたいな方というイメージを持っていました。

宮本　なんかねぇ、僕に対するみんなのイメージが、だいぶ間違ってますね。普段からとても真面目で、いつも野球のことを考えて、私生活でもものすごく品行方正にやっていて、みたいに思われているのがすごくイヤなんですよ。実際はそんな堅物じゃないですから。野球だけなんです。

野球のことに関してはもう「ちゃんとやろうぜ」みたいな感じで、そこは皆さんが思ってる通りなんでしょうけど、それ以外は基本的にはアウトです（笑）。本当の僕を知っている、小学校とか中学校のときの友だちがまだ数人付き合いがありますけど、「お前はどうしてこうなったんかね？」とか真顔で言われますからね。「選手会長なんてやる人間じゃないだろう」って。

廣瀬　友だち、ひどいこと言いますね（笑）。

宮本　でも、その通りですから（笑）。廣瀬さんがラグビーを始められたきっかけは？

廣瀬　うちは父親が学生時代に陸上競技をやっていたので、陸上って個人種目ですから、「子どもには団体種目を」という考えがあったみたいです。あとは、母親の弟がラグビーをやっていた。それが僕のラグビーとの出会いになっています。

父は体育の教師だったんですけど、子どもがやっていることにあれこれ口を出すようなタイプではなかったので、「将来スポーツでプロになるんだ」とか、そういう意識の家庭ではなかったんですけどね。

宮本　宮本家とはえらい違いやな。僕は、小学校6年生のとき、試合当日に39度の高熱が出て、朝、病院に連れて行かれたんですよ。薬もらったら家に帰ってゆっくり寝ようと思ってたら、オカンが先生に「今日これから試合で投げなあかんから、解熱剤打ってくれ」って言うんですよ。

当時はピッチャーしてまして。「投げなあかん？　えっ？　俺、試合行くの？」みたいな。夏場だったんで、先生に「死んでも知りませんよ」って言われたら、「この子は野球で死んだら本望ですから」って、オカンがそう言ったんですよ。僕は死にたくないんですけど。

廣瀬　そりゃそうですよ（笑）。ほんで、試合には行ったんですか？

宮本　注射を打ってもらって、投げたんです。

廣瀬　うわぁー、投げたんや。すごい。今では考えられないですね。

宮本　うちのオカンはちょっと特別です。それでも最初は勉強させようとしてたみたいで、学校から帰ったら机に問題集が置かれていて、それをやらないと遊びに行けなかったんですよ。でも、友だちが外で待ってるから、僕が外ばっかり気にするでしょう。さすがにオカンも「もうええわ」となって、そこからは「野球するんやったら野球で一番になれ」って言われてました。そんな家でしたね。

廣瀬　それは腹くくってますね。すげーオカンやな（笑）。

宮本　「大阪のオカン」って感じでしょう（笑）。廣瀬さんも大阪のご出身でしょう。どちらですか？

廣瀬　生まれは吹田（大阪府吹田市）です。

宮本　あ、同じや。僕も吹田です。ほんなら、家がわりと近いところみたいですね。ラグビーは地元のチームで始めたんですか？

廣瀬　吹田ラグビースクールです。

宮本　育った時代は10年くらい違いますけど、僕らが子どもの頃、ラグビースクールってあったのかな？

廣瀬　どうなんでしょうね？　僕らの頃も全国にそんなにたくさんはなかったと思いますけど、それでも大阪はわりとあったほうじゃないかな。やっぱり野球が一番人気ありましたよ。僕は小学校からラグビーをやってましたけど、学校で「野球やらへんか」って友だちによく誘われましたから。

宮本　当時はそうだったでしょうね。今みたいにいろんな選択肢もなかったでしょうし。それでも子どもはみんな部活動というか、何かスポーツをやるというのが普通でしたからね。僕もそうやって友だちを野球に誘ってましたよ。今はもう、Ｊリーグができた（１９９３年）くらいから情勢が変わってきた気がします。

廣瀬　Ｊリーグは、ちょうど僕は中学生になったくらいですかね。サッカーをやる子、一気に増えましたよね。

ＰＬはケンカの強いヤツがキャプテン⁉

宮本　廣瀬さんは、学校で生徒会長とかやったことないですか？

廣瀬　いや、ないですねぇ。

宮本　だとしたら、おそらく廣瀬さんにしても僕にしても、たとえばラグビーだったらラグビー、野球だったら野球というものを、自分で言うのはアレですけど、すごく真面目にやっていたんだと思うんですよ。そこで、真摯《しんし》な気持ちで「ラグビーがうまくなるにはどうするんだ？」と。僕だったら「野球がうまくなるためには？」ということでずーっとやっていたら、それを周りが見ていて、気がついたら前に出されていた。そんな感じだったんじゃないかな。

自分からリーダーになろうとか、そんな気持ちは2人ともなかったはずですよ。それに小学生くらいの頃って、無理やり引っ張っていこうと思って前に出ても、周りが引いちゃって、無視されちゃったりすることも多いじゃないですか。だから、もともとのリーダーシップを持ったタイプの子が、必ずしもそのままリーダーになれているわけではないんでしょうね。

廣瀬　そういう意味で言ったら、確かに僕は真面目でした。ラグビーを本当に好きでやっていたし、周りがどうこうではなく、自分が好きなラグビーを楽しくやることをいつも考えていましたから。だから周りから見ていても、「リーダー」という感じではなかったと思います。

宮本　高校ではキャプテンですよね？

廣瀬　はい。

宮本　おそらく監督から「やれ」と言われてなったんだと思いますけど、チームがうまくいかないときとかに、自分がキャプテンになった理由というか、「俺、なんでキャプテンやってんだろう?」みたいなことを考えたりしなかったですか?

廣瀬　そこまで深く考えたことはなかったですけど、まず第一に、「好き」というのがあったと思いますね。ラグビーがめっちゃ好きだったんです。子どもなりに辛いと感じることはあっても、そこで「もうやめたろ」ではなく「これはどうしたらええんやろ」という考え方ができていました。

宮本　僕も大阪で育った人間なんで、そりゃ北野高校がどれくらいすごい学校かはわかりますよ。部活をやってる子らもみんな勉強ができて、そんなにやんちゃな子とかはいなかったでしょうけど、みんな、キャプテンの言うことを聞いてくれましたか? 文句言ってくるヤツとか、いなかったですか?

廣瀬　まあ、いたといえばいましたけど(笑)。

宮本　そういうヤツらを抑え込まなきゃいけないじゃないですか。怒鳴ったりしたんですか?

廣瀬　いやぁ、怒鳴ってもしゃーない。しゃーないというか、聞いてくれないですから。でも、そういうヤツらって、試合になると頑張ってくれるんですよ。こちらが「今日は頼むな」みたいに言ったら、それで意気に感じてやってくれるというか。さすがにチーム成績としては、僕らの代は府大会でベスト32と、目標にしていた花園（全国高校ラグビーフットボール大会の開催地）には届かなかったですけどね。それでも、「みんなと何かをやる」というところでは、そんな感じでうまくやれていた気がします。

宮本　北野高校、そんな感じやったんかぁ。

廣瀬　宮本さんは、高校ではキャプテンをされていたんですか？

宮本　高校はキャプテンではなかったです。僕がいた当時のPL学園というのは、その代の選手の中で一番ケンカの強いヤツがキャプテンになるんですよ。

廣瀬　えっ？　ケンカですか。

宮本　そう。もうみんな中学生の頃から野球がその地域で一番うまい、お山の大将が集まってくるわけですよ。それが入って少ししたら、だいたい自分の位置づけがわかるじゃないですか。序列ができるというか。ほんで1年生の頃なんて、寮生活で毎日先輩の雑用ばっかりやらされるでしょう。いろんな揉め事が起こるんですよ。先輩の夜食をつくるのに食堂のコンロの取り合いとか、洗濯機を使う順番とか。みんな少しでも早く終わって寝たいから、ズルするヤツも出てきたりして、ケンカになったりするでしょう。そしたら、一番強いヤツが取りまとめるしかないじゃないですか。

廣瀬　その選手が、野球においてもリーダーになるわけですか？

宮本　そうなりますよね。ＰＬみたいなところでは、もう力ずくじゃないと無理なんですよ。誰も人の言うことなんて聞きませんから。みんな「俺が一番だ」と思っていて、「ここで甲子園に出て、プロ野球に行くんだ」と思って入ってくるわけですから。放っておいたら自分のやりたいことをやり始めます。そうなったらもう、力ずくで抑えるしかないんですよ。

廣瀬　それはすごい世界だなぁ……。

　僕らなんかは、そりゃ「勝ちたい。活躍したい」とは思ってましたけど、「俺が一番になりたい」とか、そういうことは誰も考えていなかったはずです。試合になったらみんな頑張るけど、もともとラグビーだけで生きていくという集団ではないんで。僕自身も、「しゃーないかな」という感じで、それを変えるようなアプローチというのはしていなかったですよね。

　そう考えたら、環境が僕にマッチしていたんでしょうね。北野高校という、わりと個々を尊重して、みんなで楽しくワイワイやろうというところだったから僕でもキャプテンが務まった。強いチームにいたら、キャプテンなんて声もかからなかったかもしれないです。PL学園だったら絶対に無理でした。

宮本　あはははは（笑）。

廣瀬　逆に言えば、僕がキャプテンに向いていたとかそんなことじゃなくて、たまたまハマっただけなんですよ。

宮本　いやぁ、それは謙遜でしょう。やっぱりどこにいてもそういうポジションに就くような人だと思いますよ。

廣瀬　うーん。どうかなぁ（笑）。

進学校と強豪校の真逆な価値観

宮本　スポーツで生きている人間にとって、高校というのは、一つの分岐点ですよね。
　僕は今、中学生の指導もしているんですけど、今も昔も、中学生くらいまでって、そんなにすごい大きなことなんてないと思うんですよ。野球にしたって、中学生までは、はっきり言って遊びみたいなものです。だって中学生のときに、「あの試合で僕の人生は変わった」なんて話、あんまり聞かないでしょう。それが高校生になって、いよいよ本当の勝負が始まる。教えている子たちにも、「将来プロになりたい、野球でメシが食いたいと考えているのであれば、さあ、ここからが勝負ですよ」とよく言うんです。

廣瀬　僕も中学生のときは遊びの延長みたいに野球をやってきて、それが高校に入ったときに、PLというちょっと特殊な場所だったこともあって、初めて試合に勝つということとは別に、チームの中で勝ち抜かなくてはいけないということを知ったんです。もう、「自分がうまくなるためだったら、周りの人間なんか多少犠牲になってもいいんだ」みたいな図々しいヤツらの集団でしたから。

そういう面では、僕のいた北野高校のラグビー部はおおらかというか、勝負というよりも、「自分たちで考えてプレーすることを大事にする」雰囲気でしたね。ある意味、好き勝手にやっていました。毎日の練習内容なんかも、選手がみんなで考えて「これでいこうか」という感じで取り組んでいましたから。

監督の存在感もそんなに大きくなかったし、監督がいるにはいるんですけど、まず選手が気にしていない。わりと学校自体もそういう文化で、先生方があんまりとやかくは言わない。朝、ホームルームもなくて、いきなり授業が始まるんです。だから僕らも、「自主性」とか「文武両道」を追いかけるように自然となっていましたね。宮本さんとは対極かもしれない。

宮本　そりゃそうでしょう。話せばわかる子たちの集まりと、力づくじゃなきゃわからない集団ですから。キャプテンのタイプも、まったく違ってくるでしょう。

慶應義塾高校の野球部が甲子園で優勝したとき（2023年夏）、「エンジョイ・ベースボール」ってあったじゃないですか。

廣瀬　はいはい。すごく話題になってましたね。

宮本　そりゃ慶應高校さんなんて、みんな頭の良い子たちなんだから、話したらわかるんですよ。でも、ちょっと表現は良くないですが、学力底辺校というか、やんちゃな子らが集まってきてる学校だと、ある程度頭ごなしに言って聞かさないと、あっち向いたりこっち向いたりする子がいっぱい出てくるわけですよ。昔なら、そういう子をちょっと叩いたりしてこちらに向かせたりもしたんでしょうけど、今の時代はそんなことはできないですから。

そう考えたら、やっぱりそこにいる選手たちの資質によって、必ずしも「エンジョイ」で良い結果が出るとは限らないと、僕は思ってますけどね。

廣瀬　資質に合わせることは大事ですよね。

宮本　当時のＰＬの選手にしても、野球に関してはみんな頭が良いから、うまくやれるんですよ。でも他の部分では、結構あぶないヤツもいましたから。そこは宗教系の学校だったので、その教えで導いていくようなところがありました。宗教の教えとして、「普段からの生活態度がとても大事で、それが野球にも出ますよね。その一つの形として、「ゴミを拾いなさい」と。それは「徳を積んで生きる」みたいなところが本質にあるんだけども、我々からしたら、そこまで理解をしてやっていることじゃないんですよ。野球のためにやってるだけなんです。

廣瀬　なるほど。人間としての徳ではないんですね。

宮本　そうです。人間的な成長とかよりも、「こうやって落ちているゴミを拾ったら甲子園に出られそう」みたいな。そんな欲の中の徳なんですよ。

廣瀬　最初はそのアプローチで良いかもしれないですね。

宮本　廣瀬さんは自分のチーム（北野高校）だけでなく、高校日本代表でもキャプテンを任されているんですね。それはすごいなぁ。周りからも人間性を認められていたんでしょう。代表チームというのは、全国からうまい選手が集まってくるわけじゃないですか。そういう自分のチームとはまったく異質の集団で、キャプテンをするにあたって、気持ちの切り替えというか、スタンスを分けてやっていたんですか？

廣瀬　それが、分けられずに失敗しました。全然うまくいかなかったですね。

海外遠征をしたんですが、代表チームって、集められてから試合に入るまでにそんなに時間もないじゃないですか。僕がちょっとゆっくりやりすぎたんでしょうね。自分のチームでやるのと同じ感覚で入ってしまったんです。いろんな選手の話を聞き過ぎて、かえって収拾がつかなくなってしまったような気がします。

ラグビーの強豪校から来ている選手たちの中で、「なんでコイツがキャプテンなんだ」とか「お前とちゃうやろ」という雰囲気を感じて、それもだいぶプレッシャーになっていました。遠征先でじんましんが出たりして、大変でしたから。今となっては良い勉強になりましたけど、そのときは本当に辛かったですね。

宮本　そうでしょうね。こうして結果を残してきたから「あのとき、ああいうことがあって良かった」と言えるけど、そうじゃなかったら心の傷になりますよ。そのときは「ほら、俺がやったからうまくいかなかった」って、マイナスなことを考えてしまったんじゃないですか。

廣瀬　まさに、そういう心理状態でした。

宮本　その「失敗」を認めざるをえなかったというか、「これじゃあかんかったんやろうな」と気づくのは、やっぱり試合で良くない結果が出たときですか？

廣瀬　結果もそうですけど、もう、やっている段階ですでに感じていました。「これは自分とちゃうかもしれんな」と弱気になっていました。信頼されていないという自覚があったので、苦しかったし、とにかく大変でした。

宮本　なるほどなぁ。

関東への憧れ

宮本　慶應大学には推薦で入学されたんですか？

廣瀬　高校に慶應大学の理工学部の指定校推薦の枠が一つあったんです。希望者が何人かいて、学内のテストで争ったんですが、そこで運良く点が取れたものですから。

宮本　へぇー、すごいなぁ。それで大阪から東京に出てこられたんですよね。

なんかね、大阪の人間って、東京に対して変なライバル意識があるじゃないですか。僕、大学は同志社で関西でしたけど、大学を卒業して東京に出てくるとき、「絶対東京のヤツに負けへんぞ」って思ってました。そういう感情、なかったですか？

廣瀬　わかります、わかります（笑）。

宮本　でも、いざ出てきたら、東京の人にとっては大阪も名古屋も香川も鹿児島も、どこもみんな一緒なんですよ。大阪が勝手に敵対視しているだけで、東京は大阪を全然気にしていない。あれはね、僕は野球が元になっていると思うんです。阪神ファンの巨人に対するライバル感情があるじゃないですか。そこから生まれてくるものだと僕は思ってます。

廣瀬　なるほどなぁ。それはあるかもしれないですね。ラグビーでも、花園は大阪の学校が結構優勝してますけど、大学になったら関東のチームのほうが選手権で勝ちますからね。関西のチームは、「関東に負けられへん」みたいに思ってるみたいです。

宮本　だけど、それは力関係からしたら当たり前なんですよ。だって、関東に全国から選手が集まってくるわけですから。「こっち（関西）に残って東京と戦うんだ」なんて発想がないです。「東京に負けたくない」とか言ってるわりに、そこが不思議なところなんですけど（笑）。だから、どこかで憧れてるんですよ。そういう僕も、最初は東京の大学に行きたかったんですから。

廣瀬　関東の大学から、どこか誘いはなかったんですか？

宮本　僕は青学大（青山学院大学）に行きたかったんですよ。当時のPLって、レギュラークラスで青学大に行く人が多かったんです。でも何年か前の先輩が、東京六大学に推薦入学が決まっていたんだけど、プロからドラフト指名されて、すったもんだがあって進路を変更したんです。その影響で六大学全体とのパイプが切れてしまって、関東の大学の選択肢が狭くなってしまったんですよ。

廣瀬　そんなことがあったんですね。やっぱり野球はそれだけ社会的な影響力が大きいということもあるんでしょうね。僕は逆に、高校のとき、最初は同志社大に行きたかったんですよ。お話もいただいていて、ちょっと迷ったんですけど。

宮本　同志社、ラグビー強いですもんね。僕も大学生のとき、ラグビー部に友だちがいて試合の応援に行ったことありましたよ。

　余談になるけど、その友だちが言ってました。ラグビーってボディコンタクトがあるから、結構勇気がいるじゃないですか。試合で向こうからデカいヤツがボール持って走ってきたら、「一瞬周りを見る」って。「俺か？　止めに行くのは俺なのか？」みたいな。その人はちっちゃかったけど「俺しかおらへん。行くしかない」って、その自分よりはるかにデカいヤツにタックル行くんですけど。

廣瀬　あはははは（笑）。

宮本　あれを聞いたときは、僕も笑いましたけど（笑）。でも、もうそこで腹を据えて行くしかないわけじゃないですか。逃げるわけにはいかないから。腹が決まらなかったら行けないわけだし。野球はそういうのが少ないスポーツなんですよ。そこで打てなくても、次のヤツが打ってくれたらチームとしてはなんとかなるわけですから。ラグビーは、そこで行ける選手がリスペクトされるんですね。

廣瀬　そうだし、そこで逃げたら一発でバレるんで。「アイツ、逃げたな」って、仲間から信頼をなくしますから。それが嫌なんですよ。僕はそれが一番怖いです。そのプレーに関わっている選手だけじゃなく、試合に出ていないチームメイトもみんなが見ていますからね。「なんや、アイツ」と思われたら終わりですから。

宮本　僕はボディコンタクトがあるスポーツって結構好きなんですよ。社会人野球のときもプリンスホテルにいたんで、会社がアイスホッケーのチームを持っているじゃないですか。アイスホッケーもガンガンぶつかるから、見ていて興奮しますもんね。
野球は今、それがなくなってきているんです。コリジョンルールというのができて、昔はよく走者がホームに突っ込んできたときに、キャッチャーがホームベースの前でブロックしたり、走者もタイミングがアウトだと思ったらキャッチャーにタックルして吹っ飛ばしたりしたんですけど、それが全部禁止になりました。あれをやると、ケガをして何カ月も試合に出られなくなる選手もいますからね。

廣瀬　あぁー、確かにそうですね。

宮本　でも、まだそんなルールがなかった若い頃に、自分がバックホームをして、「よし、アウトだ」と思ったのに、キャッチャーの古田（敦也）さんがサッと走者を避けながらタッチに行ってセーフになったことがあったんです。こっちは「なんだよ、逃げやがって」とカッカカッカくるわけじゃないですか。

廣瀬　そうなるでしょうね（笑）。

宮本　でも、長くプロ野球の世界にいると、「あぁー、そういうことか」とわかってくるんですよ。プロ野球って年間１４０試合以上あるでしょう。チームに絶対不可欠な存在の古田さんが、その一つのプレーでケガをして何試合も出られなくなるくらいなら、そこの1点は許してても、ずっと試合に出続けてくれたほうがチームとしてはいいわけです。

廣瀬　なるほどなぁ。とくに野球は毎日試合がありますしね。

宮本　はい。でもラグビーで同じことやったら、「アイツ逃げよった」って仲間からケチョンケチョンに言われるんですね。

廣瀬　「あぁーあ。そうなんや」みたいな（笑）。でも、そうやって言われてみると、最近のプロ野球って、以前のような乱闘ってあんまり見なくなりましたね。

宮本　それは日本代表が影響しているという意見もあるんですよ。

　昔だったら他チームの選手とは、年に一度のオールスター戦のときくらいしか交流を持つ機会なんてなかったんですけど、最近はシーズンオフになるたびに日本代表の試合があって、とくにWBCとかになったら代表チームで合宿したり、1カ月以上も同じ釜の飯を食って生活していたら、やっぱり敵チームでも仲良くなりますよね。ほんで、今の時代はLINEとかで連絡取りあえるし。そうなったらもうピッチャーも、インコースの厳しいコースとかに投げにくくなりますよ。

　乱闘ってだいたいデットボールか接触プレーがきっかけで始まるんです。昔なんてちょっと当たったらすぐ乱闘になってましたけど、その原因がないわけですから。

廣瀬　それは面白い話ですね。確かに身体接触のあるなしの違いは大きいかもしれません。

宮本　そう思いますよ。そう考えると、普段からガンガンぶつかり合っている敵チームの選手とでも、日本代表ではパッと切り替えて一緒にやれるラグビーはすごいですよ。

廣瀬　えへへへ（笑）。その発想は今までなかったです。

大学時代の貴重な経験

宮本　慶應大学でもキャプテンをされたんですよね。大学の時って、1年生、2年生、3年生、と学年が上がっていくうちに、自分の中で、「これは、俺、キャプテンをやるな」みたいな、そういう直感みたいなものがなかったですか？

廣瀬　あぁー、ありましたね。

宮本　それは僕も感じてました。どうしてかというと、僕がいた当時、同志社大学野球部は部員が少なかったんですよ。僕の学年なんて、1学年に、5人しかいませんでしたから。4年生のときには、4学年全員で27人ですよ。だから、必然的に「たぶん俺やな」

みたいなのは、もうわかっていましたね。監督からの指名でしたけど、急に言われたという感覚はあまりなかったです。

　大学のキャプテンというのは、たぶんみんなそういう感じが多いんじゃないかな。

廣瀬　そうだと思います。やっていくうちに、自分でなんとなくわかっていたというか、意識がありました。宮本さんは当時、「キャプテン像」みたいなところで、どなたか参考にされた方はいたのですか？

宮本　僕の場合は、ＰＬの１学年上に立浪和義さん（元中日ドラゴンズ監督）という、まさにキャプテンをやるために生まれてきたような方がおられたので、立浪さんの姿を高校時代にずっと見てきて、大学でもその立浪さんの同級生の片岡篤史さん（元中日ドラゴンズヘッドコーチ）が一つ上の代のキャプテンをされていて、チームがもう完全にＰＬの感覚というか、僕もそれを見よう見まねでやっていたようなところがありました。

「こうやって引っ張っていかなあかんのかな」みたいなことを自分なりに考えた時期もありましたけど、何しろ同志社は人数の少ない集団だったので、部員がみんなこちらを向いてくれている手応えがあって、やりやすかった面はすごくありましたね。これがもし部員が多いチームだったら、中にはこちらを向いてないヤツもいるでしょうから、違った大変さがあったと思います。
慶應大学のラグビー部なんて、100人以上も部員がいるんでしょう。大変だったんじゃないですか？

廣瀬　僕らのときは、4学年で120人いました。うまくできた記憶はないですね。どうやったらいいのか、何が正解なのか、やり方そのものがわからないところがたくさんありました。「これでいいのかな？」といつも自問自答していましたよ。それで最後に、「自分らしくやったらいいじゃないか」というところに行き着いたんです。そこから僕も少し楽になれたし、みんなも楽になった気がします。

宮本　やっぱり、いろんな失敗も繰り返しながら。

廣瀬　そうですね。僕が下級生の頃の慶應大学というのは、タイプで言えばオーストラリアのような、わりとシステマティックなラグビーを志向していたんです。それが強さでもあったのですが、「それだけじゃ勝てないな」という考えも僕の中にはあって。
もっと各自が自分の意見、自分のラグビー観を持って、お互いに対話をしてつくっていくようなチーム、一人ひとりが機能している、「個」がちゃんと立っている集団に僕はしたかったんです。最終的に浸透しきれませんでしたけどね。

それでも失敗というのとはちょっと違う気がします。初めから結構難しいことだと自覚もしていたし、「完成には至らなかったな」という受け止め方をしています。当時はいろいろと思うことがありましたが……。

宮本　そしたら120人の部員が一堂に会して、キャプテンとして自分の考えとかチームの方針なんかを話す場というのがあったんですよね。そこで話の120分割というか、120人全員に対して過不足なく伝えることって、できていましたか？

廣瀬　うーん……できていなかったかなぁ。もちろんチームとしての大きな話はします。でも一人ひとりに分けて伝えることはできないんで。

　練習も3グループくらいに分かれてやっていたんですよ。トップチームの30人。その下に「ジュニア」「コルツ」とあって、故障のあるリハビリ組というのもいて、厳密に言えば4分割ですね。自分が直接目の届く範囲は、チームの中心である30人まで。あとは各部門のリーダーに任せてやっていく。そんな組織でした。

宮本　それは野球で言うところの一軍、二軍、三軍みたいなものなのかな。そしたら上の30人に落とした情報が下のカテゴリーに伝達されていって、チーム全体で共有されるような仕組みがつくられているんですね。

廣瀬　ある程度はやれていたと思います。もちろん、うまくいかないことも出てきますけど、もともと前の世代の先輩方がつくられたものが元になっているので、そんなに混乱するようなことはなかったですけどね。それでもやっぱり、120人全部に意識を向けるというのは、すごいカリスマ性を持ったリーダーなら可能なんでしょうけど、僕にはできなかったですね。

宮本　それは廣瀬さんじゃなくても、誰がやっても難しいでしょう。結局のところチームスポーツといっても、実際は個々の力を上げないと、チームワークなんて生まれないんですよ。「俺たちは力がないからチームワークで」というチームが勝ったのを、僕はあまり見たことがないですから。
　やっぱりみんなが個の力を上げようとするからチーム力が上がるのだし、そこで真剣に個の力を上げようとするからこそ意見が対立してぶつかり合うこともある。でも、ぶつかったときにちゃんと話し合えたら、いろんなものを吐き出した後にガッとまとまって、チームが一つになるんです。だから本当に強いチームをつくるのであれば、まずは個の力っていうのがすごく重要だと僕は思っています。

廣瀬　宮本さんは大学時代、その後の野球人生に大きな影響を受けるような出来事って、ありましたか？

宮本　1回、監督にごっつぅ怒られたことありましたよ（笑）。

まだ下級生の頃の話なんですけど、その日は朝から小雨が降っていて、今みたいな室内練習場の施設がなかったので、自主練習に予定が変わったんです。秋のリーグ戦の終盤くらいの時期でした。4年生はもう最後だから、全員、雨の中で練習していて。昼には雨がやむという予報だったんで、僕は天気が良くなってから始めたらいいやと思って、ブルペンかなんかの屋根の下で、先輩と3人くらいで腰を下ろしてのんびりしゃべっていたんです。そしたら、技術顧問として指導をお願いしていた年配の先生がおられたのですが、その方がたまたまそこに来られて、その場でえらい怒られました。あの時代ですから、ガツンとやられましたね。それで「もう最後になる4年生が一生懸命やってるのに、お前らは遊んでいて」って怒鳴られまして。

だけどそのときの自分の心境は、「あとからやろうと思ってたのに、ここで言うか」みたいな感じで、あんまり素直には聞いていなかったんですよ。監督にもすぐに話が伝わって、「反省文を書いてこい」と言われたんです。それでまあ書くんですけど、そういう気持ちで書いてるから、「僕は終わってからやろうと思っていましたが……」とか（笑）。それを提出したら、今度は監督にも怒られて。監督は「なぜ言い訳をする。素直に受け入れるから、そのことを反省して成長するんだ」と。「言い訳は進歩の敵」ということを懇々と言われましたね。

廣瀬　なんか状況がリアルに思い浮かびますね（笑）。

宮本　あのときに自分の思いが変わったんです。まず、「言い訳をしない」ということ。

それと、あのときの状況を振り返ってみると、4年生の先輩たちは、1学年で10人くらいいたんですけど、全員が全員、卒業後に社会人とかで野球をやるわけではない。続けられるのは2、3人だけで、残りの人たちは大学で野球をやめて一般就職です。そしたら、その人の野球人生が終わる最後の1試合、1打席というものを前にしている時期だったんですよ。もちろんレギュラーじゃない人もいましたから、その1打席にも立てるかどうかわからないのに、最後までちゃんと練習をしている。それに対して、たとえどんな事情であっても、自分のしていたことは恥ずかしいことだったと、それがわかりました。

実際、僕らのような、スポーツ推薦ではない一般入試で入ってきた人とか、野球の実力からすると、「もう全然無理でしょう」という人もいらっしゃったんですよ。僕が同志社大に行って本当に良かったと思うのは、そういうところですよね。野球で「この先も」という人は、半分もいなかったと思います。それでも先輩から言われて理不尽なランニングとか（笑）、文句も言わずに一生懸命やっている。やっぱりその場その場で一生懸命やるというのがすごく大事なんだなと教わりました。

それまでは、PLみたいなところでやってきて、野球というのは「将来プロになるんだ」とか「甲子園で1本打ちたい」とか、そういう目的のためにやるものだと思ってたんです。そうじゃないんだな、それだけじゃないんだな、ということに気づかせてもらったのが同志社大の4年間だったんです。

だからその後、4年生になってキャプテンをやったときにも、やっぱり一生懸命やっている選手は部員同士でも見ていてわかりますから、リーグ戦でも点差が開いたとしたら、監督に「代打で出してあげてください」と試合中に言ったりしました。キャプテンだと、そういうことも言えますからね。それで監督も、「わかった。じゃあ、アイツを代打で」とか配慮してくれたんで。そういうことができるのも、人数が少ないチームの利点ですよね。何より僕自身が大学でキャプテンをやっていくうえで、そういうところに目が向くようになった、見えるようになった面はすごくありました。

廣瀬　その出来事は、宮本さんの野球人生の中で、すごく大きな分岐点になっているんじゃないですかね。

宮本　挫折とかとはちょっと違うんですけど、ただ、「あぁ、俺って結構言い訳してたな」というのはすごくわかりましたね、自分で。それまで、まあ19とか20歳くらいでしたけど、何か失敗したときに、誰かのせい、何かのせいにしてたなぁ、と。それをあらためさせてもらえたので。「今、ここで起きていることは自分のミスなんだ」というふうに、ちゃんと現実と向き合えるようになりました。

やっぱり何か問題が起きたときに、「僕のせいです」と言える人間のほうがカッコいいなって思えるようになったんで。それまでは、なんとかバレないようにバレないようにってやってたんですけどね（笑）。もう失敗したもんはしょーがねえよ、って。みんな失敗はするだろう。だからもう、「すみません」と。そういうふうに、なんか意識が変わりましたね。

第2章

キャプテンの苦悩

宮本も廣瀬も、チームリーダーとしての性格を形づくったものとして見逃せないのは、大学時代の挫折の経験だった。部員数120人の大所帯だった名門・慶應大学ラグビー部と、4学年で30人を切る少数精鋭の同志社大学硬式野球部。対照的な環境ではあったが、ともに選手としての実力の高さからキャプテンに押し出され、失敗を重ねながら、キャプテンとしてのマインドや立ち振る舞いを身につけていく。

宮本が2年生の秋（1990年）、同志社大学野球部は、エース杉浦正則（元日本生命監督）、4番・片岡篤史らの活躍で関西学生野球リーグに優勝。続く明治神宮大会も制覇して日本一となる。だが、宮本がキャプテンに就任した4年生時には春秋とも優勝できずに終わっている。一方、廣瀬の入学前年（1999年）に迎えた創部100周年を、大学日本一で飾った慶應大学ラグビー部。だが、廣瀬の入学後は、1年生時に関東大学ラグビー対抗戦で全勝優勝を果たしたものの、以降、優勝から遠ざかる。廣瀬が主将に就任した4年生時には、対抗戦5位、大学日本選手権では初戦敗退に終わっている。ともに、キャプテンとしては結果を残せずに終わったことになる。

何が正解かわからない

宮本　「大学時代のキャプテンの仕事に悔いが残っている」というお話でしたけど、慶應大学のような大きなチームで、思うようにいかなかったこと、こういうはずじゃなかったみたいなところで、いろんな経験があったんじゃないですか。

廣瀬　そうですねぇ。一つは、慶應大学では練習メニューとかを選手が自分たちで考えなくてはいけないというのがあって、キャプテンとして練習を回していく立場にいながら、そのうえで自分のことも考えなくてはならないというのがなかなか大変でした。

結果として、自分のプレーがちょっとないがしろになってしまったんです。それで無意識のうちに無理をしていたんでしょうね。4年生の合宿の最後に、ケガをしてしまいました。学生最後のシーズンなのに試合に出られなくなって、自分もチームも良い成績が収められずに終わったというのが。あれは悔しかったなぁー。後悔というか、どうしたら良かったのか、答えがいまだに見つかってないんですけど。「あのとき俺は、どうするのが正解だったのかなぁ?」みたいな自問自答が今も心にありますね。

宮本　そのケガがなければ、チームの結果もまた違っていたんでしょうね。

廣瀬　と、思う気持ちもあって。ただ、それだけじゃなくて、「自分のプレーに集中する」というところに、もっと重きを置けなかったかなという悔いもあったり。他のところを気にしすぎて。そこがちょっと失敗したなぁって気がします。

宮本　でもそれは、キャプテンをやってたら、自分のプレーよりチーム優先になりますよ。

廣瀬　まあそうなんですけどね。それともう一つは、「ジュニアチーム」という、真ん中のカテゴリーのチームにリーダーが複数人いたんです。これ、腹くくって一人にしたら良かったのかなぁっていうのが、今も反省点なんです。

なぜ複数人にしたかというと、何人かで見ることによって、良い選手を上にあげられたらいいなという狙いがあったんです。いろんな選手の可能性を残しておきたいという考えだったんですけど、それが逆に中途半端になってしまったのかな、と。もう「この人」と決めて、「お前はこの1年間はジュニアやけど、腹くってくれ」と言ってしまったほうが、もしかしたら良い結果が出ていたかもしれないなっていう。これが二つ目の後悔です。

いずれも、どれが正解かはわからないです。でも、この二つはいまだにいろいろ考えますよね。今となると懐かしくも思うし。

宮本　何か自分の思いが一つ突き抜けられたような瞬間って、大学時代にはなかったですか？

廣瀬　あったのかなぁ……。むちゃくちゃ何か突き抜けられたっていう感じがないまま終わってしまったような気もします。だから社会人でもラグビーをやったんだと思うんですけど。「もうちょっと何か違う世界を見たかったな」というのが、僕が「次のステージでやりたい」と決めた理由だったんで。あんまり満足していない4年間、という記憶になりますかね。

宮本　だからといって、その4年間をご自分の中で否定してしまうような4年間ではないんですよね。

廣瀬　それはないです。「一生懸命やったな」とは思いますけど、でも、すごい肯定でもない。ちょっと複雑な感情なんですけど。

宮本　どの世界もトップでやっている人たちは、あんまり満足して終わることってないんじゃないのかな。僕はプロ野球で19年やって現役を終わったとき、そのときは「もう悔いはないな」と思いましたけど、そこからまた野球をいろいろな角度から勉強して、打ち方だなんだってやっていたら、「あれ？　俺、もうちょっとこういうふうにやっていたら、もっと成績残せたな」とかって思いますもん（笑）。

廣瀬　その情熱はすごいなぁ（笑）。

宮本　じゃあ大学時代の自分を振り返ってどうなのかと考えたら、「なぜもっと真剣にウェイトトレーニングをやらなかったんだ」とすごい後悔してます。あの当時は今みたいに普及していなかったから知識もなくて仕方がない面もありますけど。だから「ここはすごい満足です」みたいなことなんて、やっぱりないですよね。

いろいろなタイプのキャプテンがいていい

廣瀬　キャプテンという話で言えば、僕はむしろ大学時代よりも社会人のときに大きな失敗を経験しましたね。

東芝で入社4年目（2007年）にキャプテンになったのですが、前任のキャプテンの冨岡鉄平さんという方がいて、自分がキャプテンを引き継いだとき、この方の真似をしようとしたんです。冨岡さんは歳が僕の5つ上なんですが、すごく人望があって、何よりも発する言葉一つひとつに説得力がありました。僕もリスペクトしていたのですが、「こういうキャプテンをみんなが求めているんだ」という意識が僕の中で強くなりすぎてしまって、みんなの前でしゃべるときも、「こういうことを言ったら、みんなはどう考えるかな」とか、冨岡さんと同じことをやろうとしたんです。それで逆に信頼を失ってしまって。

冨岡さんがキャプテンをしてトップリーグを3連覇し、黄金時代を迎えつつあったチームを、僕がキャプテンになって4位に落としてしまったんです。チームメイトから、「リーダー不在だった」と厳しい言葉を投げかけられたこともありました。言葉としては同じことを言っているのに、冨岡さんはみんなを惹きつけられて、僕が言っても全然響かない。「何が違うんだろう？」と、いろいろと考えさせられました。

宮本　それはたぶん、無理して合わせていたからじゃないですかね。そうすることによって、自分がなくなるんだと思うんですよ。そういうのって見ている側には伝わるから、「あぁー、あの人の真似してるのか」とか、ちょっと冷めた感じで見られるようになってしまう。同じやり方だったとしても、周りからの見え方が違うんです。

廣瀬　まさにそうだったと思います。富岡さんからキャプテンを引き継いだとき、「お前が日本一のキャプテンにならないと、チームは日本一になれない」と言われたんです。でも自分の中に「日本一のキャプテン」のなり方や具体的なイメージがないから、それを無意識に富岡さんと重ねてしまって、追いかけていたんでしょうね。
「自分は自分」でいいんですよね。前任者を過剰に意識しすぎてはいけないし、かといって否定する必要もない。それを痛感しました。

宮本　基本的には、たとえば東芝だったら東芝、慶應大だったら慶應大、僕で言えば同志社大、プリンスホテルと、それぞれにみんなチームが時間をかけてつくってきた伝統があるので、そこさえ守っていたら、あとはもう自分の色でいいと思うんですよ。いろんなタイプのキャプテンがいていいし、そこで自分が無理をしていると、絶対相手に伝わりますから。でもそのとき、やってるときって、なかなか自分ではわからないんですよ。だから、そうやって真似してしまうことがある。たぶん廣瀬さんも、そんな感じだったんじゃないですかね。やっぱり無理なくできるのが一番いいんだと思います。見ているほうも、自然に見えるでしょうから。そしたら見え方も全然変わってくるはずなんです。

廣瀬　確かにあのときの僕は、無意識のうちにそうやって無理をしていましたね。

学生と社会人の違いとして、まず社会人というのは、チームに幅広いいろんな年代の選手がいるということがあります。当時の東芝にも、高校を卒業したばかりの選手から30代の選手まで、単純に10歳以上の開きがあったし、その中には前のキャプテンもいる。ここの特徴、難しさというのをすごく感じました。

それに加えて、社会人というレベルの中で、ラグビーがうまい人もいるし、経験が豊富な人もいる。その中で自分がキャプテンとしてどうチームをまとめていくかということで、「これはプレー以外のところでもいろいろ頑張らなあかんな」というのは、やっぱり社会人になってから、より考えるようになったことでした。そこで「なんのために勝つのか」とか、チームにおける「大義」に意識が向くようになって、そういった話をみんなの前でもしていましたね。

そもそも大学のときには、ラグビーの技術の部分では、チームの中である程度プレーで引っ張れたんですよ。まずはそこでチームメイトのリスペクトが得られていることで、何か言葉を発しても浸透しやすい。それが社会人になったら、僕なんかはもうそのアドバンテージみたいなものはなくなりましたから。そういうところでも、結構違っていたような気がします。

宮本　おっしゃってること、わかりますよ。これは僕も同じなのですが、人よりもプレーで優れているから、普通にやっていればある程度信頼が得られるということ。これが高校とか大学、いわゆるアマチュアの段階ではできるんです。

でも、プロ野球とか、ラグビーでも社会人のトップリーグのレベルまで来たら、ホンモノが生き残ってくる世界ですからね。もう「プレーで圧倒的に」というのは難しくなるんです。そうなったときに、やっぱり難しさは当然出てきますよ。「お前、うまくもないのに黙っとれ」と言われたら、普通は何も返せなくなっちゃうし、そう言われないかって自分でも考えますから。それでも「おい、お前ら」って言えるヤツは、なかなかいないでしょう。

廣瀬　そうなんですよ。これはどんなスポーツも共通でしょうね。

宮本　だから、たまに高校とか大学で、レギュラーじゃない子がキャプテンをやるというケースがあるじゃないですか。僕、あれはすごいなぁと思うんです。いや、かなり大変なはずですよ。

廣瀬　野球はレギュラーじゃない選手がキャプテンをやるケースって、結構多いんですか？

宮本　どうなんですかね？　数に関してはわかりませんが、精神的にしっかりしていて、チームに良い影響を与えられるような人物であれば、補欠であってもキャプテンを任されるような選手は結構いると思います。僕の息子がお世話になっていた東海大菅生高校でも、レギュラーではない子がキャプテンをやって、その子がすごくいい子で、チームがよくまとまっていたという学年がありましたから。

廣瀬　強豪校でもそういう感じなんですか。まあどんな立場でやっても、キャプテンはいろんなプレッシャーがあって大変ですもんね。それならレギュラーとか控えに関係なく、向いている人間を探したほうがいいもんなぁ。自分からやりたいと言う人がどれだけいるんですかね。

宮本　だから最近は投票で決めるチームが増えているじゃないですか。それで昔とは傾向が変わってきているのかもしれないです。監督の主観ではなく、みんなが見て、「やっぱりコイツがやらないと」みたいな子。

今はもうベンチ入りのメンバーでも投票しているチームがありますから。エースとか4番打者とか、レギュラーの軸のところに関しては、選手たちもみんな勝ちたいんだから、その子のことが好きだろうと嫌いだろうと誰が見ても実力のある子に投票しますよね。でも背番号15番以降とかになってくると、誰が入ってもそんなに差はないでしょう。そしたら3年生でメンバー入りの線上にいる子なんかは、一生懸命やっているのを同級生も見ているから、「この子を入れてあげたい」って投票して、その子が入ることで、下級生の本当なら入れそうな実力の子が外れることになったりとか。

廣瀬　へぇー、そういう文化があるんですね。微妙ではあるけど、選手が自分たちで決めていることですもんね。そこには責任も伴うから、いい加減なことはできないわけで。

宮本　そうです。でも、見方によっては、緩くなっていますよ。それも時代で、仕方がないんでしょうけど。昔だったら監督が全部決めて、背番号1番から20番まで発表して、選手はあれこれ文句があっても、そこで割り切ってやっていたわけじゃないですか。今どきは、選手だけじゃなくて保護者たちもあれこれ言ってきたりしますから。監督の責任回避と言ったら言い過ぎだけど、「お前らで決めたんだろ」みたいな。

そのあたり、ラグビーではどんな感じなんですか？　野球とはまた違うハードさというか、体をぶつけあうスポーツなので、ある程度のレベルになったら、キャプテンも絶対的な統率力みたいなものがなかったらチームが動きませんよね。

廣瀬　あんまりヘタなことはできないというのはあると思います。ただラグビーも、ちょっとポテンシャル的には劣っていても、常に一生懸命やるとか、チームのためにめっちゃ頑張るとかっていう選手は、チームメイトにリスペクトされるんですよね。そういった意味では、試合に出られない人でもキャプテンになりうるのかなと思います。

宮本　高校野球だと、野球の技量はそんなに高くないんだけど、チーム内でやけに人望がある、人気があるヤツっているんです。影響力があるから監督もとりあえずメンバーに入れたりするんだけど、でも実際、そういう子って、たとえメンバーには入れなかったからといって、ソッポを向くようなことは基本的にないんですよ。周りから好かれるということは、自分の境遇が悪い中でも、ちゃんとやっているからじゃないですか。だからそういう人間性の子は、ベンチに入れなくてスタンドにいても、応援とか、一生懸命やってくれますけどね。

廣瀬　ラグビーにもいますよ、そういう子。なかなか結果が出なくて、自分でも選手として「ちょっと厳しいかな」というのはわかっていると思うんです。それでもやっぱりみんなが見ているんで、心がチームから離れていたら、だんだん信頼をなくしていくものなんですよね。そこでそんな立場になっても頑張ってくれる。

ただ、これが社会人くらいになるとちょっと複雑なところがあって、これまでずっとレギュラーで試合に出ていたベテラン選手とかが、意外と影響力あるんですよ。こういう人がメンバーを外れたときに、ソッポ向かれると……。

宮本　厄介ですよね。口ばっかりで。

廣瀬　そうそう。本当にそう（笑）。

宮本　「何やってんだよ！」みたいなヤツ、プロ野球界にも結構いますよ。口だけ達者で、「あやって、こうやったほうが」とか言うんですよ。こっちは「じゃ、お前がやれよ」と思いますけどね。いますよね。一番面倒くさいわ、それ。

　やっぱり楽なほうに行くヤツはいるんです。「なんでそいつを慕う？」みたいなヤツは、やっぱ出てきますよ。これが本当に面倒くさい。

廣瀬　おそらくどこのチームにもありますよね。そういう選手をどう扱うのか、という問題が。

宮本　だから、ここにAとBという選手がいて、「（起用するのは）どっちだ？」というときに、正当な競争をさせられる監督が、僕はすごいと思うんですよ。これが自分の好みに走っちゃったりすると、選ばれなかったほうが絶対にクサるんで。でもそれはそれで、監督のやろうとしている戦い方に合っているからこちらを選ぶわけなんで、それも「好み」ということになるのかもしれませんけど、こればかりは仕方がないですよ。

そこを曖昧にしたら、別の選手がソッポ向く可能性だってあるから、ここの扱いを監督とかはすごく気にしなきゃいけないんです。下のほうの選手だったら、「俺は関係ないから」とか違う方向を向いていたって、コイツがすごい影響あるかって言ったら、まったくないですからね。何も気にする必要はない。

廣瀬　そこはキャプテンというよりも、やっぱり監督の判断になってきますね。まあ微妙なところです。キャプテンとしては外された選手のサポートが大事になってくる。

プロ野球の世界でキャプテンは不要!?

宮本　プロ野球のことで話せば、最近、よく「誰々がキャプテンです」とか、チームで役職みたいに決めてやっていますけど、僕はあれ、じつはあんまり好きじゃないですよ。

廣瀬　へぇー。それはどういう理由で？

宮本　キャプテンなんてつくる必要はまったくないと思ってます。だって、プロなんですから。単純に言うと、同じポジションの選手が活躍したときに、もし自分がキャプテンをしていたら、喜ばなくちゃいけないでしょう。でも、そこで喜んでいたら、そいつにレギュラー獲られて、自分はあと2、3年でクビになっていくわけですよ。これはプロとしたらどうなんだろう？　という疑問があるんです。

そうやって考えると、僕は「プロという世界にはキャプテンは必要ない」という考え方になりますね。個の力を結集して、その中で常時試合に出ているヤツがうまく取りまとめるぐらいのやり方で十分なんじゃないかな。極論したら、もう選手は好き勝手にやっていて、監督がまとめる、同じ方向に向けるというくらいでいい、と。

廣瀬　だけど宮本さんは、ヤクルトでキャプテンをやられたんですよね？

宮本　やってましたよ。古田監督のときに「野球観が同じだから」という理由だったと思いますけど、そしたら断るのも変な話じゃないですか（笑）。ユニフォームにキャプテンマークを付ける話もありましたが、それは拒否して付けませんでした。なんかそういうところもちょっと面白くないなぁと思ってました。優勝したWBCの第1回大会でも、僕、キャプテンはやってないですからね。

廣瀬　えっ？　そうなんですね。そしたら、どなたがやられていたんですか？

宮本　あのときはキャプテンを置かなかったんですよ。あのチームは王（貞治）さんが監督をされたのですが、確か監督の意向だったはずです。僕がチームの中でわりと歳が上だったから、インタビューとかいろいろ表に出て行くことが多かったというだけで、キャプテンではないんですよ。

WBCは今回（2023年・第5回大会）の優勝チームもキャプテンはつくっていませんよね。栗山監督は「全員がチームを引っ張るつもりで」とかコメントされてましたけど、実際、それでいいと思うんですよ。「勝たなきゃいけない」というのは、いちいち言わなくても、もう選手はみんなわかっているんですから。だから、みんなの気持ちをそっち側に向けられたら、「あとは自由にやっていいですよ」というスタンスを取って、それでああいう結果になりました。一つの理想形だと思います。

廣瀬　栗山監督は初めからそういった考え方でチームをつくられていたのですか？

宮本　僕はそう思っています。まあ現実的な話、プロ野球という世界は、一つのチームの中に今日にも二軍に落ちそうな選手もいれば、バリバリのレギュラー選手もいるわけで、これはもう誰がキャプテンをやっても難しいですよ。置かれている立場がそれぞれまったく違うわけですから。

キャプテンが「みんな、チームのためにやろうぜ」と言ってみたところで、一軍と二軍を行ったり来たりしてるような選手からしたら、ピンとこないじゃないですか。彼らの本音は、それどころじゃない。「いやいや、そんなこと考えているくらいなら、俺はなんとしてでも自分が活躍して一軍に残りたいんだ」と。プロは一人ひとりが個人事業主である以上、そっちのほうが重要ですからね。

廣瀬　「個人事業主」かぁ。うまい表現だな（笑）。

宮本　本当にそうなんですよ。だから、「プロとアマチュアと何が違うんですか？」と聞かれることがあるじゃないですか。そしたら僕がいつも言うのは、「お金を払ってやってるのと、お金をもらってやってるのとの違いです」ってこと。これは「プロとアマ」というよりも、「学生と社会人」という線引きにしてもいいのかな。

廣瀬　はい。ラグビーなら、そういう線引きになりますね。

宮本　野球の場合は、プロと社会人ではサラリーの桁がちょっと違ってくるし、社会人野球の選手は活躍に応じて給料が上がったり下がったりするというわけではないから、やっぱりプロと同じカテゴリーにはしにくくて、「プロとアマ」という線引きにしているんですけど。

で、何が言いたいかというと、お金をもらってやるということは、イコール、自分に力がなくなったらやめないといけないんです。使う側からしたら、それだけのお金を払う価値がないということですからね。

アマチュアの場合は、お金を払ってやってるものですから、自分が「やめる」と言わない限りは、いつまででもできるんですよ。たとえば大学生だったら、ベンチに入れないからといって「お前はもうやめろ」とは言われませんからね。部費なのか学費なのか、とにかくお金を払っていますから、本人が「俺はスタンドの応援でもいいんだ」と思ったら、4年間やれるわけです。ここの差は、結構大きいと思いますね。報酬があるかないかというところ。

廣瀬　そしたら、野球の方たちって、どれくらい自分のチームのことを好きなんですか？

宮本　プロ野球で言うと、何年もそこにいると好きにはなりますけど……。

廣瀬　あぁー。なりますか。

宮本　でも、フリーエージェントの権利が取得できるくらいになると、「俺の評価って本当はどれぐらいなんだろう？」と聞きたくなる選手が多いと思います。これはね、不満とかとは違うんですよ。僕も最終的にヤクルト1球団で終わりましたけど、やっぱりすごく気になって、球団に聞きましたから。「どんなもんですか？」って。

廣瀬　「俺は大好きやけど、あんたは俺のことどれくらい好きなんや？」みたいな感じですか？

宮本　そうそう（笑）。で、僕なんて、現役を引退してから、コーチになってヤクルトに戻ったじゃないですか。当たり前なんですけど、コーチって、自分が打ったり投げたりするわけじゃない。プレーは何もできない。だからずっと選手を見ているんですけど、面白いもので、「ここで打ってくれ」とか「ここで抑えてくれ」という気持ちがすごく強くなるんです。シーズンが始まってすぐに、「俺、こんなにヤクルトファンだったたっけ？」と思いましたもん（笑）。コーチってそれくらい応援しているんですよ。もちろん選手にやってもらわないと困るし。

だから、チームへの愛情というのは、結構ほとんどの選手が持つとは思います。ただそこで、プロ野球選手なので、評価として「どうなんだ？」となったときに、「こっちのほうが評価が高いからそこに行く」というのも、これはもう全然ありなんです。それでも、みんなすごく愛情はあるとは思います。

廣瀬　ほぉほぉ。それは面白いですね。

宮本　みんな好き勝手なこと言って、「俺はこんなチームどうでもいいわ」みたいな感じは、あんまりないですね。

廣瀬　やっぱりなんだかんだ言っても好きなんですね、みんな。そりゃそうだよなぁ。

宮本　でも、それがプレーに表れるかといったら、これはまたちょっと……。

廣瀬　違うんですか？　へぇー。それも面白い。

宮本　極端な話、チームが最下位でも、ホームラン王の個人タイトルを獲れたら給料は上がる。首位打者を獲れば給料が上がるんです。そしたらそっち側に、とくにシーズン終盤の、もう優勝の可能性がなくなったなと思ったら、チームの勝ち負けよりも自分の成績に走る選手は結構出てきます。まあプロなんで、これは仕方ないですけどね。そういう選手をどうコントロールしていくのかというのが、たぶん監督が一番大変なところなんだと思います。

廣瀬　それはそうでしょうね。

宮本　正しいし、間違っていないけど、でも間違ってるんじゃないの？　みたいな微妙な感じがありますよね。

　ファンの人の見方としても、「応援しているチームの勝利が見たい。ヤクルトが勝つところを見たい」と思ってる人もいれば、「どうせ負けなんやから、村上のホームランが見たい」という人もいる。そこがプロスポーツとして、プロ野球のすごく難しいところです。

廣瀬　「戦う意味」みたいなところですよね。見る人によって楽しみ方が違うというのも理解はできます。とくにプロ野球というのはエンターテインメント性が高いですもんね。

宮本　だからシーズン最後の『クライマックスシリーズ』とかになると、個人の成績は関係なくなって、チームが勝つことだけに目的が集中するでしょう。そしたら送りバントのサインが出ても、「俺は打率上げたいから打ちたいねん」とはならない。そういうの最たるものが、日の丸を背負って戦う『オリンピック』とか『WBC』になってくるわけです。もう勝つことがすべてですからね。

チーム全員が同じ方向を向くには

宮本　『WBC』は、今でこそ回数を重ねて「世界一決定戦」みたいな感じでやっていますけど、大会がスタートした当初は、メジャーリーグの選手品評会みたいな一面もありましたからね。実際に若い選手の中には、「ここでアピールして、メジャーの良い契約を勝ち取るぞ」みたいな考えの選手もいる気がします。そういう選手は、メジャーに行ってしまったら「もう出ません」ということになるし、やっぱり自分のためというのが第一で、「日本代表のために」というのはその次になるんじゃないかな。そこをうまくチームの勝利のほうに意識を向けることができたのが、２０２３年の大会だったんだと思います。

廣瀬　だけど、それを全部否定することはできないです。だってサッカーのワールドカップも、選手はみんな、自分の商品価値、海外の市場を意識してるわけですよね。自分の市場価値を高めるためのイベントですもんね。そういう点では、同じ「ワールドカップ」でも、ラグビーなんかはまた全然違うんでしょうね。

うーん……そこはまた微妙ですね。「全然」ということもないと思います。やっぱり自分の市場価値を高めたいという気持ちは、持っている選手もいますよ。

ただラグビーというスポーツの競技特性というか、その選手が活躍するためには、個人プレーではなかなか限界があるものですから。連係で成り立つというか、周りとのチームプレーなんで。だからどうしても仲間と協力する、せざるをえないんです。また、したほうが楽しいですし。そういう要素はわりと強いスポーツだと思います。「哲学」とか「正義」みたいなものが結構求められるんですよ。

宮本　そこは野球とラグビーの競技特性の違いを感じますね。たとえばラグビーで、もしチームがバラバラになってしまったら試合に勝てますか？

廣瀬　ラグビーは、チームがバラバラになったらもう勝つのは絶対に無理ですね。

宮本　やっぱりそうですよね。

廣瀬　はい。そうなったら、見る人が見たらすぐわかると思います。やってる自分たちも気持ち悪いし、対戦している相手にもバレるんで。たぶん、あっさり負けます。実際、そういう試合はありますよ。チームが全然まとまっていない。そのときは、本当に良くない試合をしてますね。ごまかしが利かないです。

宮本　あぁー、わかります。まあ野球でもそりゃ基本的にはバラバラじゃないほうがいいですけど、アマチュアとかだったら、バケモノみたいなピッチャーがいたり、すげー打つバッターがいたりしたら、それで勝てる可能性が高いですからね。古い話になりますけど、江川（卓、元巨人）さんが高校生のとき、普通に投げたらバットに当たらないんですから。

廣瀬　そんなにすごかったんですか。

宮本　そりゃもう、作新学院で、栃木県予選5試合のうち4試合くらいノーヒットノーランをやって、ヒットを1本か2本くらいしか打たれずに甲子園に出ちゃう人ですから。チームワークもへったくれもないですよ（笑）。

廣瀬　なるほどなぁ。スーパーマンみたいな人が抑えて打ってくれれば勝ってしまうということなんですね。他の選手は、それでもやっぱりハッピーはハッピーなんですか？

宮本　すごすぎて他のチームメイトから浮いていたとか、マスコミも江川さんばっかり追いかけ回すからチームがバラバラになってしまったとか、あくまでいろんなエピソードを聞いただけですけど、まあ甲子園に行けたんだから。

廣瀬　「いいかぁ」みたいな（笑）。

宮本　そんな感じだったんじゃないですかね。やってる最中はいろんな感情とかあっただろうし、そういうのを修正できないまま、たぶん1年が終わっちゃったんでしょうね。

廣瀬　その辺の感覚は僕らには理解しにくいところですけど、でも面白いですね。

宮本　最終的には、その一緒にやってるメンバーがどういうふうに感じるかしかないんですよ。これは最近の話ですけど、佐々木朗希投手（現ロサンゼルス・ドジャース）が高校3年生の夏、岩手県の大会で球速160㎞を出して、結構大騒ぎになりました。そしたら決勝戦で登板しないで、チームが敗れてしまったんです。

廣瀬　あぁー、ありましたね。

宮本　監督の指示なのか本人の意思なのか、あれもいろいろ物議を醸しましたけど。

　佐々木投手の将来のことだけを考えたら、適切な判断だと思うんですよ。あのときチームメイトがテレビの取材を受けて、一人だけ本音を言っていた子がいましたよ。「本当は投げてほしかった」って。それと彼は、打つほうでも、あのチームで3番とか4番を打っていたんです。そしたらファーストとかを守って試合には出場する、攻撃面で貢献するという選択肢もあったと思うのですが、それもしなかった。

　あそこで無理をさせなかったことでケガは未然に防げたかもしれません。ケガを招くリスクが高いのであれば登板させるべきではないというのは正論で、これは監督もすごく勇気が必要なことですけど、その後のプロに入ってからの彼の成長を見たら、その判断は正解だったと言えるでしょう。でも、「あれで正しかったんだ」じゃなくて、「もし投げていたらかなり高い確率で甲子園に行けていた」と言うこともできるわけで。そしたら「周りのチームメイトは、本当はどう思っていたのか？」と考えたら、「やっぱり間違ってたんじゃないの？」という意見も出てくるはずです。

あのときは賛否両論出ましたけど、僕も野球解説者という立場で言ったら、ちょっとズルいかもしれませんが、「どっちも正しいよ」と言わざるをえないです。

廣瀬　そうでしょうね。うん。そうだと思います。

宮本　でも、「自分ならどうしていたか？」という聞かれ方をされたら、僕なら絶対に投げます。極端な話、それで故障しても、手術したら治るんだから。そんなことを言うと、「昔の人の考え方だ」って批判されるんでしょうけどね。

廣瀬　うんうん（笑）。そこは、いろんな考えがあっていいと思いますけどね。

宮本　よく、「チーム全員が同じ方向を向く」とか言うじゃないですか。もちろんそれは理想だし大事なことですけど、やっぱり現実的には自分が試合に出られないからクサっていたり、心が違うところにあるような人間が、どうしたっているわけですよ。ましてや廣瀬さんの慶應大学のときなんて、120人でしょう。そりゃ、いたでしょう？

廣瀬　まあ、いましたね。

宮本　ソッポ向いてる選手が一人もいないチームなんて、ないんじゃないですか。

廣瀬　現実はまあ、必ずいますよね（笑）。

宮本　いるのはもう仕方がないと思うんです。ただ、中心選手がそれだと、勝つのは難しくなりますね。

プロ野球ともなれば、一軍にはいるけど試合に出たり出なかったりでレギュラーがなかなか獲りきれない選手や、一軍と二軍を行ったり来たりしている、いわゆる「エレベーター選手」というのがいます。彼らは「いつ外されるんだろう」という恐怖と戦いながらプレーしているんです。僕がコーチをしていたときには、そういう立場の選手に対しては、もう初めから「チームのことは考えなくていいから、まず自分のことだけ考えてやれ」と言っていました。彼らは自分が活躍することを考えたら、結果として、それがチームのためになりますからね。

ところがチームの中心選手、どんなことがあってもレギュラーを外されることがない立場の選手というのは、「個人」に走られたら困るんです。ヤクルトなら、村上宗隆がそうです。チームのことを最優先に考えることを求めます。「キミはどれだけ調子が悪くてもスタメンで出続けるんだから、そしたら自分のことよりチームのことを考えてやりましょう」と。たとえば走者を進めたい場面で打席に立ったときに、自分自身の欲を出してヒットを狙いにいって、結局アウトカウントを増やしただけで終わりましたという失敗は許されないんですよ。

廣瀬　「フォア・ザ・チーム」の姿勢を持て、ということですね。

宮本　そうです。今のヤクルトでその立場にいるのは、あとは正捕手の中村悠平くらいかな。セカンドの山田哲人は、そりゃレギュラーとはいえ、ひと頃に比べて成績がだいぶ落ちてきたので、今はもう自分がヒットを打つこと、成績を残すことが最優先ですよね。ダメだったら、もうレギュラーを外されちゃうわけですから。

　また、外国人選手にも、そういうものは求めません。言ってしまえば、彼らは日本にお金を稼ぎに来ているんで、とにかく成績を残してくれたらいい。そのうえで、「少しでもチームのことを考えてくれればありがたい」というぐらいのものです。以前、バレンティンという、ホームランの日本記録を作った外国人選手がいましたけど、調子に乗ってワガママばっかり言ってるんで、「お前、ふざけんなよ」と注意しましたけど(笑)。だから今のヤクルトなら、村上と中村の2人しかいないですね。まあでも、チームに2人いたら十分なんです。それがセンターラインであれば申し分ないというところです。

廣瀬　宮本さんが現役の頃なら、古田さんと、池山(隆寛)さんと。

宮本　あとは4番を打っていた広澤(克実)さん。のちにFAで移籍しましたけど。

廣瀬　宮本さんも入れないと。

宮本　いや、僕は入りませんね。やっぱり万能の選手じゃないとダメなんです。要するに、いくら守備がいいと言ったって、あまりにも打たなかったら先発を外されるわけじゃないですか。そりゃ2回も3回も首位打者を獲ってるような実績のある選手なら、そんな扱いはしないですけどね。僕はそうじゃなかったんで。

今の中村にしても、バッティングに関してはホームランをシーズンに2桁打つわけでも、3割を超えるような好打率を残すわけでもない。まあ「キャッチャーとしては打ちますよ」というレベルです。そしたら、打率2割5、6分くらいのところにいれば大丈夫なんですが、そこより落ちてくると、「(先発を) 外すこともあるからね」ということになります。実際に僕がコーチをしていたときには、2割を切ったら、もう普通に外してました。

ただ、何年も実績を残し続けてきた選手なら、すごく調子が悪い年があっても、その1年間ぐらいは我慢できるんです。また、そういう選手って、こちらが「なんとかせいよ」と言うと、なんとかするんですよ。2割前後をウロウロしていても、シーズンが終わってみたら2割5分ぐらいまでは上げていたり。逆に、それができない選手というのは、本当に力がないということなので、チャンスもそこまで与える必要はないと思います。やっぱりある程度数字を残すような選手じゃないと、本当の意味でのチームの中心選手とは言えないんですよ。

廣瀬　なるほどなぁ。でも、守備の名手として活躍されていた宮本さんから言われると、ちょっと意外な気もします。

宮本　あぁー。なんか周りが思っている僕へのイメージと、僕が考えていることとって、結構違うことが多いんですよ。たとえば「チームを強くするには？」ということを聞かれたら、皆さんは僕が「チームワークをつくって」みたいなことを言うイメージがあると思うんです。でも実際の僕は、「個の能力がないとチームは強くならない」と思っていますから。だから、選手は自分勝手でいいから、自分の実力をまず身につけること。それを束ねるのが監督の仕事なんです。

廣瀬　それは言い換えれば、まず認められるだけの結果を残せ、数字を残せ、ということでしょうね。

宮本　まさにそうです。まずは3年間。プロ野球の世界では3年続けて数字を残して、初めてレギュラー扱いなんです。どんなに時代が変わっても、これは昔も今も一緒です。確かに今の時代、ちょっと活躍すると球団はすぐに給料を上げるようになりましたけど、現場や、ベンチの信頼関係においては、3年やって初めてレギュラーとして信用します。

廣瀬　うんうん。そこは僕もすごく共感しますね。

宮本　話をキャプテンに戻せば、僕はキャプテンというのは、つくったり、育てたりというのはなかなかできないものだと思っているんです。僕なんかにしても、今、こういうテーマの取材を受けさせてもらっていますけど、じゃあずっとキャプテンなのかといったら、そうではなかったわけですから。これはもう、資質がある人間がそこにいるかどうかでしょう。

だから自分が教えに行くようなチームでは、1、2年生の間に、選手をあれこれ細かく観察していますね。初めはのんびりしていても、なんか持っていて、だんだん表に出てくるようなヤツがいる可能性もあるので。2年間くらい時間をかけて行動を見て、「コイツ、いいかもしれんな」という子がいたら、他の選手に評判を聞きますね。そしたらなんとなく、「あ、みんなコイツを認めてるんだな」というのが、人柄が見えてくるんですよ。もちろん逆もあるでしょうし。まあこれも、投票みたいなものですけど。

僕は基本的に、チームが動き出してからキャプテンを代えるというのは、あまりするべきじゃないという考えです。適性のない子に教えて植えつけていくというのも、現実的には難しいでしょう。だから、そうやって「この子だな」というのを見つけておいて据えるのが、代替わりしたチームのスタートとしてはやりやすいような気がします。

廣瀬　そうですよね。やっぱり誰を任命するかがめちゃくちゃ大事なんで。ラグビーも、本当にキャプテンに向いてないタイプの選手がいるんですよ。別に悪いヤツじゃないんです。だけど「俺は黙々とスクラム組むのが好きだ」みたいな（笑）。それはもう個性ですから。そういう選手をキャプテンにしてしまうと、たぶん責任感とかで潰れてしまいます。だから、「誰にでも」というのは僕も思わないですね。まず、向いてるかどうかというのが重要になってきますよね。

一方で、誰しも任されたら頑張るということはあるかと思います。早い時期に、そういう場をいかにつくってあげるかというのも大事ですよね。「お前に頼んだぞ」「この部分、任せた」みたいな形で責任を委ねることで、彼らもたぶん自分で考えて、何かをやろうとするはずなんです。そこで彼がどういうアクションを取ったのか、どういう思考でとらえているのかというのを、こちらはいろいろサポートしていく中で、また学んでいくというのが一つの手法かなとは思いますね。やっぱり、場を使っていくというのが必要ですよね。

宮本　僕も最初は、日本代表は寄せ集めのチームなんで、しっかりキャプテンをつくったほうがいいと思ってたんです。でも、結構いないときのほうがうまく回っていたような気がします。たとえば第1回WBCのときは、そういう役割みたいなことを、イチローにしても僕にしても、一応していましたけどね。でも2人とも「キャプテン」と言われたわけでもないし。だから、そう言って決めなくても、だいたいやるべき選手がやってるものなんですよ。

廣瀬　あぁー、なるほど。それはありますよね。

宮本　誰から見ても絶対的な存在がいたら、それが一番いいんでしょうけど。でも2023年のWBCも、東京オリンピックのときの日本代表も、キャプテン制を敷かなくてもうまくいっている。あれはおそらく、みんなが「俺がやらないと」という自覚というか、他人任せにしていなかったのが良かったのかな、と思っていますけどね。そういうことを栗山監督にしても、東京オリンピックで指揮を執った稲葉篤紀監督にしても、ある程度計算していたのかもしれませんね。2人とも、日本ハムにいた人なんで、その辺に何かちょっとヒントがあるのかな？　と僕は思ってるんですけど。

廣瀬　言われてみると、そうですね。お2人とも。そうかぁ。日本ハムって、どんな特徴を持ったチームなんですか？

宮本　そこは、あんまりよくわからないです（笑）。結構自由なチームという印象はありますけど。まあ結局、野球というのは監督がベンチにいるんですよね。そこで監督が選手に役割をちゃんと伝えていれば、それだけでチームとしては機能しますよね。そこにあえて「キャプテンは誰々が」なんてやったら、逆に違和感というか、「じゃあ、任せておけばいいな」と他の選手は思っちゃうんじゃないかな。

廣瀬　そしたら野球界で「キャプテン」というのがピックアップされるようになったのって、最近のことですか？

宮本　そうじゃないかな。昔もいたとは思うんですよ。オールスター戦のときとか、監督から「お前、キャプテンを頼む」みたいなことを言われて。でも、声出し係くらいで、何か重要なことするわけじゃないんですけど（笑）。

ラグビーやサッカーみたいに、プロのトップクラスが代表チームをつくって真剣勝負の大会に出て行くというのが、野球はオリンピックとかＷＢＣとか、まだ最近のことですから。そういう最初の時期に僕はたまたまキャプテンをさせてもらって、なんかそこから、そういうイメージみたいなのが出てきましたよね。僕は正直、もうずっと「いらないよなぁ」「邪魔だなぁ」くらいに思ってました。

やっぱりプロは、チームメイトとはいえ、選手同士がライバルなんで。人のことなんてどうでもよくて、自分の成績を追いかけているんですよ。それを監督がうまくまとめて、チームにして行ってるのがプロ野球という世界なんですね。こんなこと言ったら、アレかもしれないけど。

廣瀬　いや、そういうお話も、とてもリアルで面白いです。

第3章

言葉の力

リーダーに求められる能力の一つに、「言葉の力」がある。

宮本も廣瀬も、これまでのキャリアの中で、ときには世界一を目指す大一番を前にした日本代表のキャプテンとして、あるいは土壇場に追い込まれた所属チームのキャプテンとして、チームメイトや多くの人の前で話をする機会があった。そこで発した言葉が、チームを向かうべき方向に導いたこともあったはずだ。

その言葉は、どうやって生まれてきたものなのか。そして、彼らはその言葉という武器を、どんなふうに使ってきたのだろうか。

自分の思いを言葉に

宮本　キャプテンとか選手会長みたいなポジションに就くと、どうしても人の前で話すことが増えてくるでしょう。そういうときに、人の心を動かす言葉というのは、ボキャブラリーの問題だけじゃなくて、そんなに考えて考え抜いて出てくるようなものじゃない気がするんですよ。企業の経営者の方の言葉が書かれた本を読んでも思うんですけど、本当に胸の中から湧いてくるものなのか、それとも何かしら自分の中で練らなきゃいけないのか、ああいうリーダーの言葉って、どこから出てくるものですかね？

廣瀬　どこからなんでしょう？　僕はさっき話したように、東芝でキャプテンになったときに先輩を真似て失敗していますからね。しゃべることが決して上手ではないんだと自覚しているんです。

宮本　それでも、そこには廣瀬さんなりの「伝えたい」という思いもあったわけでしょう。

廣瀬　それはまぁ。

宮本　僕は、「これはしゃべらなあかんな」というのは、頭に入れておきますね。言葉を選ぶんじゃなくて、「こういうことを伝えたい」というのをあらかじめ頭に入れておいてしゃべりますけど、ただ、あんまり細かく考えていても、ハズしたらイヤじゃないですか。「なんか今日、反応悪いな」みたいな（笑）。

廣瀬　わかります。そういうとき、ありますよね（笑）。

宮本　だから、自分がその場に立ったときに「伝えたいな」と思うことがそのまま伝わればいいと思ってるから、やっぱり使う言葉はあんまり考えないですね。

廣瀬　オリンピックとかWBCのときに、ご自身で今も心に残っている言葉って、何かありますか？

宮本　一つ挙げろと言われたら、アテネ五輪のアジア予選のときですかね。ミーティングで、「これは絶対負けたらいけない戦いなんだ」という話をしたんです。あれはもう、その場で自然に出てきた言葉ですね。

廣瀬　どんなシチュエーションで話をされたんですか？

宮本　あのときの日本代表は、長嶋（茂雄）さんが監督をされるということで、すごく注目されたんです。でも、僕にとってはそれ以上に、正式にオールプロで代表チームを編成して臨む、アマチュアの選手がオリンピックに行けなくなった最初のオリンピックということが大きかったんですよ。なんとしてもアマチュアの人たちが納得するようなゲームをして、なおかつ勝たなかったらあかん。それを伝えたかったんです。

それだけに、言うタイミングはすごく考えましたね。直前合宿からみんなの調子がいまいち上がらなくて、練習試合を何試合かやったけどチームがうまく回っていないという時期があったんです。それでコーチの高木豊さん（現野球解説者）から、「慎也、選手ミーティングをやれ」って何回も言われてたんですけど、僕自身は「今やってもしゃーないな」と思ったんで、すぐには動かず、とにかくタイミングだけ計ってました。それで合宿を打ち上げて、福岡で最後の壮行試合があったのですが、これに負けました。福岡からチャーター便で本番が行われる札幌に入ったときに、「ここかな」と。

開幕までまだ2日くらいあったんで、「今日にしようかな」「試合前がいいかな」とあれこれ考えていたんですけど、その日の練習に行ったら、それまでとチームの雰囲気がガラッと変わったんです。グッと緊張感が出てきたんですよ。「よし、ここや」と思って、その日の夜にミーティングを招集して話をすることにしました。

廣瀬　その緊張感のスイッチはどうして入ったんですか？

宮本　試合で負けたからでしょうね。みんな口には出さないけど、心のどこかに、「これだけのメンバーなんだから大丈夫だろう」という気持ちがあったと思います。それがプロ野球選抜みたいな急造チームを相手に、練習試合とはいえ、ベストメンバーで臨んで負けたんです。最後の調整の試合に、ガチンコの負けですからね。それでみんな、本気で「ヤバい」と思ったわけですよ。

野球って、どれだけ良いメンバーを集めて強力なチームをつくったとしても、一発勝負になったら「絶対」ということはないですからね。ましてオリンピックという、これまで経験したことのない、独特な雰囲気の中での試合なんです。

廣瀬　だからミーティングでは、まずそういう国際試合を何度も経験している松坂大輔（元西武）と高橋由伸（元巨人）に話をしてもらって、最後に僕から、「『一生懸命ベストを尽くして負けたらしょうがない』というのはスポーツの基本かもしれないけど、この大会だけは違うぞ。絶対に勝たないといけない試合なんだ」と、全員の前で言いました。自分の心から出た言葉ですね。

宮本　それはもう、スベりようがないですよ。その言葉は全員に響いたでしょう。自分ではそう思っていますけど。廣瀬さんもずっとキャプテンをやってこられて、そういう場面が何回もあったんじゃないですか。

廣瀬　僕が今でも強く印象に残っているのは、日本代表よりも、東芝でキャプテンをしていたときの出来事ですね。（キャプテンとして）２年目のシーズンに、グラウンド外で立て続けに不祥事が起きたんです。

一つ目は選手がタクシー乗車中にトラブルを起こして逮捕されたんです。会社からは厳重な注意を受けました。チームの活動停止といった厳しい処分は免れたんですけど、「次はないぞ」とクギを刺されていました。もちろん僕も深刻に受け止めていたし、それから常にグラウンド外の行動についても注意喚起はしていたつもりです。そしたら今度は、別の選手がドーピング検査で禁止薬物の反応が出た。薬物使用の可能性がある、と。その年のトップリーグ決勝戦を３日前に控えた日のことでした。

このときばかりは、僕もさすがに「終わったな」と思いました。事実であれば、社会的責任の面でも許されないし、会社のイメージダウンは計り知れないですから。「これはもう（決勝戦を）辞退せざるをえないだろう」と。

キャプテン１年目だった前年のシーズンに、自分のリーダーとしての未熟さからチームのパフォーマンスを下げてしまった。その悔しさがあったので、何がなんでも結果を出したいという気持ちで臨んだシーズンだったんです。それでチームも開幕から良い状態をキープしてきて、優勝というゴールを目前にしたところだったんで……。
最終的に会社やチーム関係者の皆さんの尽力があって、決勝戦への出場が決まったんです。選手は自宅待機になっていたのですが、練習再開の許可が下りると、まず、みんなクラブハウスに集まってミーティングを行いました。そこで全選手を前に、僕はキャプテンとして話をしなくてはならない。何を話そうかと考えている時間もありませんでした。だから、現在のチームの置かれている状況と、そんな状況の中で試合をさせてもらえる以上、チームの存続を懸けて試合に臨まなくてはいけないとか、今の自分たちがやるべきことの確認ですよね。そんな話をさせてもらったんですけど。

宮本　試合ギリギリまで、出場できるかできないかもわからないような状況だったんでしょう？

廣瀬　はい。

宮本　それはすごい動揺があったでしょうね。いろんな感情が、選手一人ひとりにあったはずですよ。それも廣瀬さんの中では理解したうえで、それでもみんなが同じ方向を向かなきゃいけないという。

廣瀬　向いてほしいんですけど、「向かせよう」とはあんまり考えていなかった気がします。

もう「自分はこう思っている」とか「これが大事だと思う」というような、最終的にはそういう話になっていましたね。あそこで「向かせよう、向かせよう」と思って話しても、結果的にこちらを見てくれなかった気もします。

宮本　で、試合はどうなったんですか？

廣瀬　17－6で勝ちました。

宮本　おぉー。

廣瀬　おそらくアテネ五輪のときの宮本さんに近いのですが、ある程度は「こういうことを言いたい」というのを頭の中で描いてはいましたが、あとは「その場」ですよね。場の空気とか、自分の感情とか、いろんなものがありますから。実際、話をしながら僕もほとんど泣きっぱなしでしたし。でも、そうやって言わないと伝わらないだろうし、言葉も弱いだろうし。

宮本　やっぱり思いが言葉に宿るというか、つくった言葉には限界がありますよ。もちろん中には、つくっている人もいらっしゃると思います。でも、その通りになることって、基本的にはないでしょうから。

　たぶんみんな、ぼんやりでも「これは伝えたいな」というのは絶対にあると思うんです。だけど、「この言葉で、こういうふうにしたら、こう伝わるんじゃないか」というところまで考えてしまうと、余計な言葉も増えていくじゃないですか。ぼんやりでいいから、「伝わってくれたらいいな」と思うことが大事であって、「こういう形で伝われ」と思ってしまったら、それはもう自分の考えの押しつけになってしまいますから。

僕自身、そういうときもあったと思います。「こうやってやらなあかんねんぞ」みたいなものを、みんなに押しつけていました。結局、北京五輪がそうでしたから。そこは反省の部分として残っているんですけどね。

廣瀬　僕にとっては、東芝のキャプテン1年目がそうでした。こう言おう、ああ言おうと計算して話しても「伝わらない」という苦い経験をして、あんまりつくらないほうが、言葉が強く響いてくるのかなという実感がありましたから。

宮本　不思議なもので、話してすぐにとは言いませんけど、失敗したときには、もう2～3日したらなんとなくわかりますね。みんなの行動を見ていたら、「あ、伝わってねえな」って（笑）。

廣瀬　わかりますわかります（笑）。そういうものだと思います。

宮本　逆に「伝わってんのかな？」とこちらが半信半疑に思ってるときのほうが、むしろ伝わってるような気もするし。だから、すぐには出てこないんだと思います。少し経ってから、なんとなく「あ、わかってくれてたんだなー」みたいな感じになることが多いですよね。伝わってないときにはすぐわかるのに。

廣瀬　そう考えると、キャプテンの言葉一つひとつがチームを上げることも下げることもありえるわけで、怖さも感じますね。

宮本　そうなんですよ。僕なんか、もともと口が過ぎるタイプなんで、なおさら気をつけないといけないんですけどね（笑）。やっぱり言葉って、良いほうにも悪いほうにも行きますよ。

結局のところ、言われた相手が、その言葉をどう受け取るかなんですから。僕らは新聞で野球の評論を書いたりするじゃないですか。その後に読者のコメントを見てたら、結構批判されていたりするんですよ。「いや、俺、そんなこと言ってねえんだけど」と言いたくなりますけど（笑）。

廣瀬　ああいうのを、ちゃんとエゴサーチされてるんですか？

宮本　僕、絶対に見るんですよ。チェックして、「コイツら、ひでぇーな」とか「ちゃんと読み取ってくれよ」って、一人で文句言ってます。

廣瀬　あははは（笑）。

宮本　あれは本当に、伝わってる人と伝わってない人がいるんだと実感しますね。伝わってない人のほうが多いんですけど。それでもやっぱり、受け取り手がどういうふうに感じるかですから。言葉一つで良くなる可能性もあるし、悪いほうに行く場合もある。口には気をつけなきゃいけないですね（笑）。

大谷の「憧れるのはやめましょう」

廣瀬　WBCの決勝戦のとき、大谷翔平選手が試合前に、チームメイトを前に「憧れるのはやめましょう」と話していたじゃないですか。彼はキャプテンだったわけじゃないけど、僕なんかはあれをテレビで観て、もうファンと同じ感覚で「おぉー、すげーなぁ」「カッコええなぁ」って痺《しび》れてたんですけど（笑）。宮本さんは、どう思われましたか？

宮本　あれは、タイミング的にベストだったんじゃないですか。WBCという大会に出て行くにあたって、「アメリカを倒して世界一になるんだ」というのが、みんなが思ってたことなんです。そのアメリカとの決勝戦という、これ以上のシチュエーションはない中で出てきた言葉ですから。実際にね、やっぱりメジャーに憧れてる選手は、「うわぁー」ってなっちゃうんですよ。僕が出たとき（第1回大会）にも、アメリカとは第2次ラウンドで対戦したんですけど、西岡剛（元千葉ロッテ）が、守備位置でこっそりデレク・ジーター（元ニューヨーク・ヤンキース）と握手してましたから。

廣瀬　試合中にですか？

宮本　そう。試合中に。「なんだ、アイツ！」って、イチローも怒ってましたよ。

廣瀬　あはははは（笑）。いや、笑ったらいけないけど。

宮本　でも今回の大会も、大谷の通訳が試合前にみんなに頼まれて、アメリカのベンチまでマイク・トラウト（ロサンゼルス・エンゼルス）のサインボールをもらいに行ってたらしいですよ。

廣瀬　いろんな裏話があるなぁ（笑）。

宮本　みんな本音はそういう憧れがあったわけで、だからタイミング的にはすごく良かったんじゃないですかね。「倒すんだ！」という大谷の言葉を聞いて、それで一致団結したんだから。

ラグビーでも、オールブラックスとかとの試合になったら、やっぱり相手チームの中に憧れの選手がいたりするわけでしょう。そういう相手に対して、「絶対に倒すんだ」というような意思統一をするために、キャプテンとして苦心なさったりしたことはなかったんですか？

廣瀬　僕の場合は、出場した2015年のワールドカップは、本番ではもうキャプテンを降りていましたからね。チームを鼓舞するというところではキャプテンになったリーチマイケルがやってくれていますから、僕はもう試合の直前になったら、逆にみんなに「楽しもう」という声がけをしていましたね。

やっぱり海外で、あれだけの大舞台ですから、みんなすごい緊張があったんですよ。「頑張らなあかん、頑張らなあかん」とストイックになりすぎていて、ちょっと空回りしているようにも見えました。僕は出場メンバーから漏れてサポートに回っていたんですけど、雰囲気をなんとか変えられないものかと考えていました。

それで、「こういう雰囲気やプレッシャーも含めて、この瞬間を全部楽しもうよ」という感じで話をしました。「これは僕たちにしかできないことなんだ。味わえないことなんだ」という気持ちになれたときに、少し楽になりましたね。そこが一つ、チームが変わった瞬間だったのかもしれないです。何かの言葉で劇的に変わったというのではなくて、今まで積み重ねてきたものを再確認したことによる変化でしたね。

宮本　あの大会の南アフリカに逆転勝ちした試合は僕もよく覚えているんですけど、あのとき、最後の逆転トライの前のプレーで、相手に反則があって、キックで同点ゴールを狙うか、スクラムから逆転を狙うか、選択を委ねられたじゃないですか。今でもよくテレビとかで取り上げられていますけど、実際に選手たちがあの場で言葉を交わしてスクラムで行くことを決めたんですか？

廣瀬　僕はグラウンドにはいなかったですが、交わしていました。

宮本　エディー・ジョーンズ監督は「キックだ」と指示をしていたんでしょう？

廣瀬　はい。それでスクラムを選択したときに、エディーさんは「何やってんだ」と怒って、インカムを外して机に叩きつけてましたけど（笑）。

宮本　そりゃ怒るでしょう（笑）。でも選手たちはみんな「同点じゃダメだ。逆転して歴史を変えるんだ」と言っていたらしいですね。

廣瀬　そうみたいです。

宮本　そういう言葉が、あの究極のところで出てくるのがすごいよなぁ。

廣瀬　そこはまあ、選手たちが普段からどんなことを考えているのか、どういう会話をしているかということだと思うんです。ラグビーって、監督がどうするかではなくて、もちろん監督の影響力はありますけど、それぞれの場面で選手が創っていくスポーツですから。あの瞬間は、選手が「どうや？」と言い合って自分たちで決められるようなチームができたということが、試合に勝ったこととはまた別に、すごく嬉しかったですよね。

宮本　野球と違って、監督はスタンドにいるわけですもんね。

廣瀬　そうなんです。ラグビーの競技特性って、まさにそこなんですよ。選手が自分たちで判断する。だからラグビーの試合は、もう選手のものなんですよね。そういう意識はすごくあります。だから南アフリカ戦の最後の意思決定とかも、監督の感情は別として、選手は託されたから嬉しいし、「頑張ろう」という気持ちになるんです。

宮本　試合中の選手交代はどうしてるんですか？

廣瀬　スタンドにいる監督が指示します。

宮本　あのインカムでの指示って、どのレベルまで届くものなんですか？　実際、グラウンドレベルまで落とすときに、何段階か伝達することが必要になりますよね。

廣瀬　監督から指示を受けたコーチや控えの選手、メディカルが、ウォーターパーソン（給水係）のような形でタイムアウトの際にフィールドに入って伝えていたんですけど、最近、ルールが厳しくなってきたんですよ。中に入れる回数の制限とかも出てきて、より選手たちが考えないといけないような状況に、どんどん変わってきました。

以前なら、ヘッドコーチが直接入ってきて指示するようなこともあったんです。それに対して、「（指導者が）関与しすぎだ」ということになって、いろいろとルールで縛るようになったんですよ。そこは「試合は選手のものだ」という、ラグビーが大事にしているフィロソフィー（哲学）がありますから。

宮本　野球とはえらい違いやな。野球はとにかく監督の言うことを聞いてやらないかんですから。それが野球のフィロソフィーということなのかな（笑）。

廣瀬　そのあたりの違いが、宮本さんがおっしゃる「キャプテンはいらない」という考えになっている気がします。監督が関与できる範囲、影響の度合いが、野球ははるかに大きいんですよ。だってベンチで横に一緒に座ってますもんね。

宮本　そうですね。コーチも多いですし。ベンチに7人くらい入るじゃないですか。

廣瀬　そんなにいるんですか。確かに多いですね。だから環境が全然違うんですよ。

宮本　そもそもが、ラグビーは「監督」じゃなくて「ヘッドコーチ」ですもんね。

廣瀬　そこは名称の違いだけなのかもしれないですけど……どうなのかな？　野球はユニフォームも監督と選手が一緒ですもんね。ラグビーは違いますから。監督はユニフォームじゃなくて背広着てますから。

宮本　あ、そうか。サッカーとかバスケットなんかも、背広じゃなくてもジャージ着たりして監督してますよね。一緒にユニフォーム着るのって、野球だけなのかな。

ラグビーではキャプテンが不可欠

宮本　ラグビーでは、監督がいて、選手たちがいて、キャプテンの立ち位置というのは、どこに？　選手のグループの中にいますか。それとも、両者の中間になりますか。

廣瀬　それはケース・バイ・ケースですね。練習だったら選手の中の一人だし、でも普段のチームをつくるとき、ミーティングとかでは、ちょっと監督寄りというか、スタッフ寄りになるし。それは状況によって、結構変わってきます。もちろん、監督に寄り添うときもありますよ。でも、監督が主導でミーティングをして何かを決めるときもあるので。選手だけでミーティングするときには選手側に寄って、それを監督に伝えたりとか。ちょっと挟まれる感じはありますよね、キャプテンは。

宮本　そこは野球との違いだな。野球ってやっぱり上下の関係なんですよ。師匠と弟子じゃないけど、監督に「教えていただく」という意識が強いんです。

廣瀬　それも宮本さんが言われる「キャプテンはつくらなくていい」ということにつながるんじゃないですかね。やっぱりラグビーではちょっと難しいです。ラグビーにおけるキャプテンの存在って、僕は不可欠だと思いますから。

宮本　廣瀬さんが日本代表のキャプテンになったときというのは、どういう経緯で？

廣瀬　2012年にエディー・ジョーンズさんが日本代表のヘッドコーチに就任されて、新しい日本代表がスタートするとき、わざわざ自分が所属していた東芝のグラウンド近くまで会いに来ていただいて、「やってほしい」という打診を受けまして。

宮本　ほぉー。口説かれたんですね。以前にエディー・ジョーンズさんの下でプレーしたことがあったんですか？

廣瀬　日本では東海大学の監督をされたり、サントリーでヘッドコーチをされていたので、直接的な接点はありませんでした。

ただ、その1年ほど前に、東日本大震災のチャリティーマッチ『日本代表vsトップリーグ選抜』というイベントがあったのですが、この試合でエディーさんがトップリーグ選抜の監督を務め、僕はキャプテンに指名されたんです。そのときに直前合宿もあったりしたので、それから言葉を交わす機会は増えましたね。

宮本　そうした交流の中で廣瀬さんのことを観察して、「（キャプテンに）適任だ」と考えておられたということですね。引き受けると決めたときには、どんなお気持ちで？

廣瀬　やりがいと、もう、ワクワクしかなかったですね（笑）。これからどんな面白いことが起こるんだろう、と。

宮本　エディーさんは廣瀬キャプテンに、これからスタートするチームの中で、どんな働きをしてもらおうと考えていたんですかね。何か具体的な説明はあったんですか？

廣瀬　それが、あんまりなかったんです。むしろ「このまま行けばいい」くらいの感じでした。「この役割を」とかいうよりも、「こういうチームを一緒になってつくっていこう」というお話でしたから。

「現状の日本は世界の中ではボトム（下のクラス）にいるから、一緒に日本らしい戦いをして、世界にリスペクトされたい。そして、トップ10カントリーに入っていこう」

というような、わりとそういう大きな夢を話したりはしましたけども、その中で「じゃあ、お前はこういうことをやってくれ」という具体的な話はありませんでした。

それについては、僕はこんな考え方をしているんです。エディーさんというのは、誰かと話をするときに、その話す相手がどんな人物なのか、「対誰」ということを常に考えている人だと思います。ちゃんと「これをやれ」と明確に言わないとやらないタイプの人にはたぶんそういう内容になるだろうし、自分で考えてやるのが好きとか、いろんなアイデアを持ってる人に対しては、そういうふうにビジョンを伝えるだけにしている。そうやって誰に伝えるのかを考えて、言葉を選んだり、手法を変えているんじゃないかな、と。あくまで僕の想像ですけど。

宮本　廣瀬さんには細かく説明をしなくても、これだけ投げておけば自分で理解して何かを構築できるタイプの人だということを、わかっていたということですね。もう全幅の信頼があったんですね。

廣瀬　それは……どうなんでしょうね。でも、チームの発足当初はレギュラーとしてスタートからゲームに出ていたのですが、新しい選手が台頭したり、ポジション争いが激しくなる中で、次第に出場機会が減っていったんです。このままだと今後、レギュラーとして常時出場することは難しいという状況になったとき、エディーさんは「スタメンを保証できない選手にキャプテンは任せられない」と言って、僕をスパッとキャプテンから外しましたからね。

宮本　代わってキャプテンになったのが、リーチマイケル選手です。

廣瀬　レギュラーじゃないと、キャプテンはダメなんですか？

ダメということはないですが……やっぱりラグビーというスポーツでは、試合中は選手に判断が求められます。フィールド内で誰かがリーダーシップを発揮しないといけないシーンがたくさんあるんですよ。そういうときに、リーチマイケルという、プレーで周りに勇気を与えられるタイプのリーダーがほしかったということだと僕は解釈していました。

僕はどちらかというと「みんなと仲良くやっていこう」とする、バランス型のタイプなんで、そういう面でもチームを変革したかったんじゃないですかね。もっと厳しさとかタフさみたいなものを求めていた。何かを壊してでもどんどん積極的に動いていこうとする人間、というんでしょうか。それにはマイケルのほうが適性がありますから。どう転ぶかはやってみなきゃわからないですけど、エディーさんはそっちに懸けたんだと思います。

宮本　そしたら、リーチマイケル選手からはいろいろ相談を受けたりしたんじゃないですか。

廣瀬　いや、それはなかったですね。当時の彼はあまりポジティブじゃなかったので、キャプテンを打診されて、「迷っている」とは言ってましたけど。

宮本　それは意外だな。で、どんなアドバイスをされたんですか。

廣瀬　僕もアドバイスはしてないですね。しないほうがいいかなと思って。もう彼のチームなんで、前のキャプテンがああだこうだ言うべきじゃないと思ったんです。向こうから何か聞いてくることがあったら、「あぁー、そうなんや」「どうしたらいいんやろな」みたいな感じで一緒に考えていくような感じでしたね。

宮本　それで正解じゃないですかね。何事も前任者があれこれ言い過ぎたらやりにくくなるだけですから。でも彼のほうから、何かアドバイスを求めているような雰囲気はなかったんですか？

廣瀬　こちらが気を遣わなくても、彼は、自分が求めているときには聞きに来る人なんですよ（笑）。

宮本　正直なところ、廣瀬さんご自身のお気持ちはどうだったんですか？　ワールドカップの本番で自分がキャプテンとしてそこにいることをイメージしてやってきたわけじゃないですか。モチベーションが低下したりしませんでしたか。

廣瀬　まあ、落ち込んだのは事実です。いち選手として結果を出す、試合に出るということを最後まで念頭においてやっていましたけど、現実にはそういうチャンスがどんどん少なくなっていく。自分の居場所がなくなっていく感覚もあって、「これはもう、（代表を）辞退したほうがええんちゃうかな」と考えた時期もありました。

宮本　そうなりますよね。それは理解できます。

じつは僕は、その真逆のケースがあったんです。北京オリンピックのとき、予選から代表に入っていましたけど、レギュラーとして試合に出てはいなかったんです。それでも星野（仙一）監督からは、「成績に関係なく、お前はキャプテンとして連れて行くから」と言われていました。

廣瀬　それはすごいな。それこそ全幅の信頼じゃないですか。

宮本　ありがたいことではあったけども、結果的に期待を裏切ってしまった面もあったんで……。

結局、北京オリンピックではオールプロで臨みながら、決勝進出を阻まれ、3位決定戦にも敗れての4位ですから。メダルを獲ることもできずに終わったんです。これはキャプテンとしての僕の失敗が大きかったと思っています。チームにはすでに怖い監督がいるのだから、僕はフォロー役に徹していたら良かったんですよ。そこの立ち位置を間違えてしまいましたね。

北京のとき、僕は38歳で、2歳上のキャッチャー矢野燿大《あきひろ》さん（元阪神監督）がチーム最年長。一番下は田中マー君（将大、現巨人）で、その2歳上がダルビッシュ有（現サンディエゴ・パドレス）。みんなまだ20歳そこそこでしたから、上と下の年齢の開きが結構大きかったんです。そしたらもう、この若い選手たちを取り込まなきゃいけないじゃないですか。

廣瀬　確かにその年齢差は大きいですね。

宮本　アジア予選のときは、それでもうまくいったんです。ところが本戦の前になって、ケガ人が続出したりして、チームがなかなかうまく回らなくなって。若い選手たちは、いろいろ不満が溜まっていったと思います。そんな状況の中で、初戦のキューバ戦にダルビッシュが先発したのですが、打たれて負けてしまった。そしたらもう、あっちこっちで不満が噴き出したんですよ。

廣瀬　うわぁー。それは結構な修羅場ですね。

宮本　はい。僕はもう、力ずくで戻さないといけないという発想しかありませんでした。予選のときは、それでうまくいってましたから。でも後々考えたら、監督が十分に怖いんだから、キャプテンまで同じように厳しいことをしてたら、みんなもしんどかったやろうなって思うんですよね。

あれは完全に僕の失敗ですね。もう少し冷静に考えることができていたら、結果は違っていたかもしれません。

廣瀬　宮本さんほどの人でもそういうことがあるんですね。

宮本　気負いもあったと思います。野球の場合、オリンピックって特別なんですよ。

さっきも話しましたけど、野球はオリンピック種目に採用されて以来、ずっと大学生と社会人のアマチュア選手が代表としてチームを組んで出場していて、それがアマチュアみんなの目標でもあったんです。時代の流れの中でプロが参加するようになり、プロアマの混成チームを経て、２００４年のアテネ大会からオールプロでチームが編成されることになりました。僕はアマチュア野球出身というか、社会人で野球をやってきたので、すごく複雑な気持ちがあったんです。

代表に選ばれたときにも、「アマチュアの方たちの夢を奪ってしまったのではないか」という、引け目みたいなものを感じていました。だからこそ、アマチュアの選手や関係者の誰が見ても、「素晴らしいチームだ」と思ってもらえるようにしたいという気持ちがすごく強かったですね。そのうえで勝たなきゃいけないという。

野球の場合は、金メダル以外は敗北ですから。だからアテネも北京も、僕が出場したオリンピックは2大会とも敗北でした。

廣瀬 そういう経緯をあらためてお聞きすると、やっぱりレギュラーかどうかに関係なく、キャプテンの重責を担えるのは宮本さんしかいなかったんじゃないですか。

宮本 僕も今、よく講演なんかでお話しさせてもらっていますけど、上に立つ人って、やっぱり全体の流れをよく見ておかないといけないんですね。こう流れたときにはこういうふうにする、流れがこう変わったらこう対応する、というような柔軟さがないと。「自分はこうだ」と一方的にやってしまうと、それがハマればいいけど、ハマらなかったときはもう組織がバラバラになるんで。それは北京オリンピックのときに学んだことでした。

あれからもう15年ぐらい経ちますけど、当時は起用法に不満を抱いていたダルビッシュが、ＷＢＣの代表になって、若い選手たちに「こうやって投げるんだぞ」って教えて、「みんなで頑張ろう」ってリーダーをやってるんだから、なんとも面白いものですよね。

彼もいろんな経験をして、あのときの僕と同じ30代後半になりました。「こんなふうになったんだなぁ」って感慨深かったです。僕なんかはただもうガツガツしてましたけど、今や彼は、若い選手に厳しい物腰で接するんじゃなくて、寄り添ってあげている印象がありますよね。臨機応変というか、もちろん幹があっちこっちにブレるのはよくないですけど、やっぱり成功するところにはいろんな道があるっていうのを、そういうところからも勉強させてもらっています。

第4章

名将たちの教え

宮本と廣瀬には、それぞれ強い影響を受けた監督・指導者がいた。

廣瀬をキャプテンに抜擢した日本代表の指揮官エディー・ジョーンズ。宮本にプロ野球選手としての薫陶を授けたヤクルトスワローズの野村克也監督（故人）。お互いの立場が変わっても、その師弟関係、信頼関係は続いたという。

ともに強い個性と、オリジナリティにあふれるコーチングで指導者としての実績を残してきた希代の名将。彼らから2人が学んだものとは？

エディー監督がもたらしたもの

宮本　エディー・ジョーンズさんって、どんな方なんですか？　人となりというか。僕らのような外から見ている人間には、「厳しい人」というイメージがありますけど。

廣瀬　すごくストイックというか、与えられたミッションを実現するために最大限の努力をする、努力のできる人です。そこに関して妥協とか甘えとかというものがいっさいない人なので、そういう姿勢に対して、「厳しい」とか「怖い」という表現をする人もいますけど、でもそれは、設定されたミッションを「成し遂げなきゃいけない」という、強い覚悟を持ってやってるからこその姿だと僕は思っています。

宮本　「夢」というか、「ビジョン」を成し遂げるために、非常にリアルにいろんなプロセスを遂行していく人、というイメージですね。

選手とかチームスタッフとは、どういった距離感で、どんな関わり方をされるんですか？

廣瀬　そういうストイックさの半面、選手には結構積極的に声がけをする人なんです。

僕が代表だったときには、１on１（ワンオンワン）ミーティングを１週間に１回は行っていましたし、チーム内で「どういうニーズがある？」「どういう困ったことがあるのかな？」ということを繊細に把握しようとしている人でした。だから選手にとっては、あまり「遠い」という印象はないし、コーチやスタッフにとっても、わりと身近にいて、たぶんいろんなことを言われたりするでしょうから、そんなに距離を感じる人ではなかったと思います。

ただまあ、とにかく厳しい人なので、そのエディーさんの要求に応えるために、みんな必死こいてやるしかない、という感じでチームが動いていましたね。

宮本　選手と馴れ合わない。冗談を言い合うような、そういう空気感の方ではあまりなさそうですよね。そこはまあ、言葉の問題もありますもんね。

廣瀬　いや、そうとも言いきれないです。気軽に冗談を言うようなこともありますし、そうかと思うと、それが全然ないときもあったりで。でもトータルで見て、決して堅物というか、近寄りがたいような人ではない気がします。

宮本　プロの監督として日本に来られて、日本ラグビーのトップである日本代表の指揮を執ることになった。当然「勝つ」「勝たせる」というテーマ、一つのノルマを課されているわけじゃないですか。そのためにチームを強くしていかなくてはいけない。日本のラグビーをどんなふうに考えて、どういう方向に導こうとされていたんですか？

廣瀬　日本のラグビーの歴史をきちんと理解されている人で、その中にはエディーさんが考える「日本らしい戦い」というものがあって、それができているときも過去にあったという認識でした。そのときのチームや、そのオリジナリティ自体を日本が持っていることに対しては、すごくリスペクトをしておられましたね。逆に、どこかの国のラグビーのコピーをしていたり、彼の目で見てオリジナリティに欠けるようなラグビーに対しては、あまり良くない印象も持っておられました。

根本に「日本らしさ」というものをとても大事にされていますね。それがあった時代には、純粋なリスペクトがあると思います。もしくは、そういう選手に対してもリスペクトがあると思います。

宮本　「JAPAN WAY」という言葉を言われますもんね。なるほど。そういう意味があるのか。

廣瀬　そうですね。日本のオリジナリティのあるラグビーをやりたいという意志は強いと思います。また、それが勝つために最適なアプローチである、と。

宮本　その「日本らしさ」「日本のオリジナリティ」というのは、具体的にはどういったことなんですか？

廣瀬　これはラグビーに限らず、ボールを争奪し合うスポーツにおいては、サッカーやバスケットなど他の競技でも同じようなことが言えると思いますが、チームで動くとか、その動きの連動性とか、フィットネスとか、細かいスキルとか、いくつかの要素があります。そういう一つひとつのところを非常に繊細に考え、大事にしている。それがエディーさんの言う「日本らしさ」ではないかと僕は考えています。

　そういうものを土壌に置いたラグビーをやりつつ、ラグビーの場合は海外出身の選手とも一緒にチームが組めるので、その海外出身の選手が日本人とはまた違うエッセンスを乗っけてくれることで、さらにまた日本らしい、違ったラグビーがつくられていくということだと思います。

宮本　そのエディーさんの目指すものは、指導の際に、細かく言語化されているんですか？

廣瀬　言語化もされています。対外的にはたぶん出ていないと思うんですけども。言語化というよりも、ラグビーのクリップ、映像をみんなで観たりとか、数値を見たりとか、そういう中で、「こういうことをやっていきたい」というのを伝えていましたね。

宮本　資料とか冊子のようなものを選手に配ったりとか、そういう取り組みもあるんですか？

廣瀬　僕が代表のときに、あの「JAPAN WAY」という言葉を資料でアウトプットしていたかどうかはちょっと覚えてないんですけど、プレーや考え方に関しては資料化もしています。ただ、どちらかというと映像が多かった気がします。ラグビー選手って、あんまり文字を見ない印象があって。だから、そういう文章化された資料よりも、もっとビジュアライズしたものから想起させるという方向にすることが、どうしても多くなりますね。

宮本　そうなんですか。むしろラグビーの選手は文字に強いというか、本とかを読んでいそうなイメージがありますけどね。

廣瀬　指導者の皆さんにも、それぞれ得意なアウトプットの仕方があるでしょうし、もちろん選手にも文字が好きな人はいると思います。ただそこは、最近の若い子もそうなっているようですけど、やっぱり動画とか絵のほうがどちらかというと入り込みやすいというのが、まず一つあるのでしょうね。

それに動画というのは非言語ですから、言語がなくても伝わるという意味で、ラグビーのような多国籍な集団になったときに、どの選手にも区別なく入りやすいというのもポイントかもしれませんね。

宮本　野球も決して文字が好きというわけではないですよ。もともと得意か苦手かでいったら、みんな苦手な分野だったはずです。

僕がヤクルトに入団したときの監督だった野村克也さんが、今は『野村ノート』と呼ばれて広く世間に知られることになったんですけど、それまではミーティングでも言葉のやりとりで伝えていたものを、文字化したというか、レジュメをつくって選手に読ませたりとか、そういう文化をつくられたんです。僕もそこで育てられた選手の一人ですから。

変革者・野村監督

廣瀬　野村監督の『野村ノート』というのは、メディアを通じて、いろんな形で耳にすることがありましたね。野村監督は「ＩＤ野球」とか、ミーティングをものすごく重要視されていたとか。ミーティングはどれくらいの頻度で行われていたんですか？

宮本　春季キャンプのときに、練習が終わった後、毎晩、ホテルの会議室みたいなところに全員が集合して、そこで行われていました。
当時はコーチがホワイトボードに書いたものを僕らがノートに書き写して、それを教材みたいにして野村監督が話をされるんですが、もともと野球選手って机に座って話を聞くなんて習慣がない人間たちだし、朝早くから練習をしていますから、そりゃ最初の頃はみんな眠気との戦いだったでしょうね。僕の場合は、プロに入ってきたときの監督でしたから、それが当たり前のチームで育ったことが大きかったと思います。

廣瀬　そこで教わったこと、書き残された内容というのは、実戦の中で活用される機会は多かったんですか？

宮本　何かあったときに確認をしたり、頭の中に常にインプットされています。ただ実際のところ、皆さんはバッティングとか守備とかの話をイメージされるかもしれませんが、もちろんそういう野球の技術や戦術の話もあるのですが、その入り口のところで、一人の野球人としての考え方とか、どう生きていくのかという指針みたいなところがわりと多かったんですよ。「財を遺《のこ》すは下、仕事を遺すは中、人を遺すを上とする」（後藤新平の言葉）とか、ポンと言われても、僕らは聞いたことないわけですから。人それぞれ感じ方は違ったと思いますけど、影響は少なからずあったと思います。

野村さんというのは、選手としても監督としても日本の野球界を代表するような実績を残された方なんですが、もともとは無名のテスト生からプロ野球選手になって、今のように取り上げられることが少なかった時代に、パ・リーグの南海ホークス（現在の福岡ソフトバンクホークス）という球団で実績を積み重ねて、ご自分の地位を築かれた方ですからね。そういう野球人生の中でつくり上げられた、「弱者が強者に勝つために」みたいなことを教えられる場でした。

廣瀬　僕も大阪の出身なので南海ホークスとか近鉄バファローズは知っていますが（笑）、野村監督の現役時代はさすがにわかりません。でも、ミーティングの内容も含めて、すごく興味深いですね。

宮本　ヤクルトにしても、野村さんが監督になられた当時は、優勝なんて誰も考えてもいないチームでしたから。

廣瀬　野村監督がチームを変えられたということですか？

宮本　ヤクルトというよりも、日本の野球界全体を変えた人でしたね。野村さんって、新しいことを取り入れるのがすごく早かったんですよ。

ピッチャーが投げるときにモーションのタイムをストップウォッチで計るようになったのは、当時のヤクルトが最初なんです。今ではみんな当たり前にグラウンドでストップウォッチを持ってますけど、あんなこと僕が入団した頃なんて、たぶんヤクルトしかやっていなかったはずですよ。

ピッチャーのモーションが何コンマ何秒。キャッチャーが捕球してから送球までのタイムが何コンマ何秒。盗塁のスタートをした走者が二塁に到達するタイムが何コンマ何秒。じゃあこの走者をアウトにするためには、ピッチャーは何コンマ何秒以内で投げなくてはいけない。キャッチャーは何コンマ何秒で送球しなくてはいけない、と。そうやって説明されるわけです。

走者が出たら、盗塁をさせないためにピッチャーは「クイック」と言ってモーションをコンパクトにして投げなくてはいけないんですが、みんな本当はそんなことしたくないんですよ。だからクイックの練習なんて、結構いい加減にやっている人もいたんです。でもそこで、それまでは感覚で「速い」「遅い」と言っていたものを、数値化して言われたら、選手も認めざるをえないじゃないですか。会社員がノルマを出されるようなものです。そしたらちゃんと練習しなくちゃいけないでしょう。

廣瀬　あぁー。確かにそうですね。

宮本　作戦なんかにしても、たとえば「ギャンブルスタート」と呼ばれる戦法があるのですが、あれも野村さんがやり始めたんじゃないかな。

試合の終盤とかに、どうしても1点がほしいという状況で、無死、あるいは一死で走者が三塁にいるときに用いるものです。ヒットが出れば一番いいんだけど、最悪、内野ゴロでも走者をホームに還したい。でも、ライナーなどで走者が飛び出すとダブルプレーになってしまいますから、普通はゴロが転がったのを確認してからスタートするんです。そこで相手の内野手が前進守備を取っていたら、バックホームでアウトになってしまう可能性が高い。それならもうバットにボールが当たって、打球がバットよりも下に飛んだ瞬間に走者がスタートを切って本塁を陥れてしまえ、という。イチかバチかだから「ギャンブルスタート」です。今はもうみんな、高校野球とかでもやっていますけどね。

廣瀬　もう全体に浸透しているんですね。でも、そういうことを考えつく発想力というか、好奇心みたいなものがおありなんでしょうね。

宮本　そうだと思います。24時間、いつも野球のことを考えている方でしたから。

意見の食い違いで議論に

宮本　廣瀬さんのお話を聞いていると、エディー・ジョーンズさんというのは、選手へのアプローチの仕方は違いますけど、野村監督と同じ、指導者としての求心力みたいなものを持っている人物という印象です。その求心力の源泉って、廣瀬さんは、どういうところにあったと思われますか？

廣瀬　それはやっぱり、彼の生い立ちじゃないですかね。オーストラリアの出身で、お母様は日系の方なんです。そういう人種的な問題も含めて、プレーヤー、ラガーマンとしてだけでなく、人生において様々なハードルに直面しながら生きてこられた人だと思います。だから野村さんと同じように、バックボーンになっているのは、ある種の反骨精神のようなものがあるような気がしますね。

宮本　「人格者」というか、そういう人間性みたいなところに選手が惹かれてついていくようなところがあったんでしょうね。

廣瀬　一生懸命に、勤勉に働く人。「ハードワーカー」という感じですかね。それと、常に新しいものに挑戦していこうという意識を持った、「変革者」という表現も合っていると思います。

宮本　そこは野村さんと一緒ですね。選手に対する、叱り方も上手なんですか？

廣瀬　上手か、そうでないかというと答えにくいのですが……。人それぞれ受け止め方は違うんでしょうけど、選手目線で見たら、みんな「怖さ」は感じていたと思います。ときには高圧的に力で押さえ込もうとすることも、なくはありませんでしたから。

ただ、そういう力をうまく使えているときと、うまく使えていないときと、両方があったような気がします。そこはもう人間同士ですからね。そのときどきのいろんな感情が入ってきてしまうこともあるでしょうし。

宮本　そこで選手と衝突したりしないんですか？

廣瀬　エディーさんに対して、いろんなことを思う選手は当然いたと思います。だからといって、何か具体的に反抗するようなアクションを取るような選手というのもいなかったですね。

というのは、僕もそうですが、当時の代表の選手たちはそれまで世界の舞台であまり勝ったことがなかったので、彼を信じてやっていくしかありませんでした。他の選択肢を持っていなかったんです。これが今の選手たちみたいに、いろんな経験を積んで、ちょっと違う状況にあったら、「エディーさんが言ってることよりも、このやり方のほうがいいんじゃないか」という人間が出ていたかもしれないですけど。

でも、別にそれは悪いことではないと思うんですよ。そこに対して話し合いをして、お互いの意見をぶつけ合ってチームを高めていけばいいんですから。そこで単なる不満を言っているだけの人間は、結局、淘汰《とうた》されて、いなくなるだけです。あるいは、その人のほうが離れていくかでしょうね。

宮本　野球でも不満や愚痴で終わっているヤツは消えていきますよ。意見を言えるようになったときに、周りも「アイツ、ちゃんと考えてるんだな」と認められるようになります。まずやることをやっているというのが前提ですけど。そのあたりはどんな組織でも一緒でしょうね。

廣瀬　僕らもエディーさんと意見の食い違いで議論になったことはありました。

宮本　ほぉー。それはどんな状況ですか？

廣瀬　ニュージーランドや南アフリカ、オーストラリアといったラグビーの強豪国が中心になって運営されている『スーパーラグビー』という国際リーグ戦があって、２０１６

年から日本も参入することになりました。それで日本ラグビー協会が『サンウルブズ』という選抜チームをつくることになり、エディーさんはそのチームで、『ダイレクター・オブ・ラグビー（日本でいう総監督）』というポジションに就くことが決まっていました。

エディーさんは日本代表の強化の一環としてとらえ、代表の選手たちをチームにピックアップしていました。それでエントリーのためには選手の承諾が必要ということで、我々にコントラクト（契約書）へのサインを求めてきました。でも、コントラクトの内容を見ると、納得できない箇所がいくつかあったので、僕らは「サインできません」と突っぱねたんです。当然エディーさんは「いったいどういうつもりだ」とかなり怒って、「もっとグラウンドに集中しろ」とか「お前たちは何を考えているんだ」とすごい剣幕で詰め寄られましたけどね。

当時の僕はもうキャプテンをマイケルと交代していたのですが、この件はマイケルよりも、僕や小野晃征（現サントリーサンゴリアス・ヘッドコーチ）といった年長の選手が矢面に立ってエディーさんと話し合うことになりました。僕らは僕らなりに、「エディーさんはそうやって言うけども、この契約内容じゃ、僕らはやれません」ということをラグビー協会と話し合って、協会にもいろいろ譲歩してもらって、コントラクト内容を整えてから、ようやくサインすることになったんです。

宮本　そのときに練習をボイコットしたとか、そういう行動があったわけではないんですよね？

廣瀬　もちろんもちろん。

宮本　じゃあ合宿なんかでバンバン厳しい練習をやりながら、別の場所で話し合いが行われていたんですね。プロ野球選手会と機構側との折衝みたいやな（笑）。僕らも試合の直前とかまで話し合いをしたりしていましたから。

そこにおける選手側の交渉窓口というか、選手会長という立場で廣瀬さんが動かれていたということなんですね。それはいろいろ大変だったでしょう。

廣瀬　まあそうですね。僕は主要メンバーの一人という感じで動いてました。その頃はまだ選手会のような組織もできていなかったので、「会長」とか「〇〇長」みたいなものはなかったんで。

宮本　最終的に、それでエディーさんは納得されたんですか？

廣瀬　本人が納得していたかはわからないんですけども、そこは僕らが主張していることのほうが正しいという確信があったので、「エディーさんがなんと思おうが関係ない」というスタンスで、最後まで貫いた感じですね。

異なる選手へのアプローチ方法

宮本　ラグビーの日本代表は、「ハードワーク」と言って、合宿のたびにめちゃくちゃすごい練習をしていたんでしょう？

廣瀬　いやぁー、あれはもう、思い出すのもイヤです（笑）。

宮本　その、二度と思い出したくないというのは、やっぱり練習のハードさに尽きますか？

廣瀬　僕がキャプテンをしていたときというのは、練習のきつさももちろんありましたが、エディーさんが思い描いている理想の練習とかラグビーそのものができないときの、エディーさんの振る舞いに対しての戸惑いというのかな。それは僕だけではなく、選手全員が「どうしたらいいのか？」っていうところの大変さもすごくありましたね。

神経をすり減らすというか、お互いにストレスを抱えながら向き合っていたと思います。エディーさんは「なんでうまくやれないんだ？」という目で僕らを見ていただろうし、僕らは僕らなりに頑張ってるけどエディーさんの目にはなかなか適わないという中で、「どうしていったらいいんだよ?」という感情があって、ぶつかり合いがいろいろと起こりましたね。

今となってみれば、あれはチームをつくっていくうえでは必要なプロセスだったと思います。だけどそのときはもう、毎日キリキリするような時間が続いていましたね。

宮本　そういう極限状態になると、どうしても感情が先に立ってしまいますからね。

廣瀬　エディーさんは非常にクレバーな人なので、基本的には物事をロジカルに考えることができているのですが、やはりそのときどきに直面する出来事などによって、怒りをあらわにしたり、意固地になったりと、自身の感情をコントロールできないところも出てきますよね。でもそれは、誰にでもあることですから。

宮本　野村監督って、選手に対してあれこれ厳しいことを言う一方で、「アイツは俺のことを嫌ってないか?」みたいな、ちょっと自分の人望を気にして確認したがるような、そういう一面も持っている人だったんですよ。そこは選手に対して、「コイツをなんとかしてやりたい」という愛情のようなものを強く持たれていたからだと思います。「わかってくれよぉ」みたいな(笑)。

廣瀬　エディーさんには、そういうところはあまりないですね。そもそもが嫌われるようなことを、選手にプレッシャーをかけたり、あえてきついことをやってるのだから、「好かれるわけがない」と思っているんじゃないですか（笑）。

そこは、「お互いにリスペクトがあれば理解できる」というスタンスだと思います。だから選手たちも、厳しいことを言われながらも、あんまり「敵」という感情はなくて、「同士」のような感覚で見ていたような気がします。

宮本　ラグビーには、そういうタイプの指導者のほうが多いんですか？

廣瀬　それはもう人それぞれだと思います。選手へのアプローチの仕方も、物腰がやわらかいというか、もうちょっと優しいイメージの人もいます。もちろん厳しい人、口調からしてキツいようなタイプの人もいます。まあ、どっちかですよね。

日本人の指導者でも、嫌われることを厭《いと》わないで、あえて選手に厳しい接し方をされる方はいます。僕の東芝時代の瀬川智広監督（現摂南大学ラグビー部監督）がそうだったし、今、（横浜）キヤノンイーグルスを指揮しておられる沢木敬介監督も、すごく厳しい人という印象があります。だからそこには「日本的」とか「外国人特有」という区別もないでしょうし、本当に人それぞれですね。

ましてああいう本気でぶつかり合う中で、選手たちも感情が高ぶっていますからね。お互いのマインドセットを変えるというのはそう簡単なことではないので、変えようとしている側にしたら、その状況に対してヒステリックな感情も出てくると思うんですよ。僕ら選手たちは、そこでどう自分を変えてエディーさんと向き合っていくのかというところで、すごく大変だったと思います。それも自分だけだったらもっとスムーズにできていたかもしれないけど、チームメイトもみんな一人ひとりにアイデアがあるし、考え方もあるので。だからチームとしてやるとなったときに、それによる大変さを痛感したんですけど、でも同時に、良さもあったはずなんです。

だから、その「思い出したくない」というのは、メンタル面と練習のきつさに尽きる感じがします。ただ、100日以上めちゃくちゃ練習したっていうのは、あんなこと、もう二度とやりたくないなと（笑）。

宮本　僕もテレビなんかで断片的に見ただけですけど、あれはかなりエグい（笑）。

でも、あの練習があったからですよね。理論とか効率だけじゃない。練習の量であったり、体力面というのも、強くなるためには結構大事だと思うんですよ。

廣瀬　それはむちゃくちゃ大事だと思います。ただ、自分がやるとなると（笑）。僕らのときは、まさに「ハードワーク」でしたから。

宮本　選手の所属チームは、その代表のハードワークに対してはＯＫなんですか？

廣瀬　基本、ＯＫですね。まあ、チームによっていろいろ考え方はあると思います。もちろんケガをしてほしくないということは当然思っていますけど、それでも日本代表に行くのは名誉ですから。そこで活躍してくれたら、ひいては自分のチームにも還元されるものがあるかもしれない。結構ポジティブといえばポジティブですよね。

とはいえ、ムダに追い込むだけ、体力を消耗させるだけだったら、ケガの原因にもなりかねませんから。そりゃ所属チームも怒ると思いますよ。そこはきちんとしたプログラムを組んでやらせる分には、問題ないと思いますけどね。

宮本　野球じゃ考えられないですよ。野球の日本代表は、各チームから「預かってる」選手ですから。ラグビーは代表チームの強化を、一つのプロジェクトとしてやっていますもんね。それはバレーボールとかバスケットとかもそうだと思いますけど。

野球の場合は、日本代表といっても、大会のために選手をピックアップして試合をするだけなので、ナショナルチームのスタンスがまったく違うんですよ。だから、それぞれの球団に選手を「出していただいている」というのが大前提にあるので、そこの大事な選手に絶対にケガをさせられないというのがまず最初にありますから。ちょっと面倒くさいんですよ、野球は。

最近はあまり聞きませんけど、日本代表に選手を派遣したがらないチームもありますからね。

廣瀬　どんなデメリットがあるんですか？

宮本　やっぱり一番は、大会の時期の問題があると思います。たとえばWBCなら3月ですから、ちょうどペナントレースの開幕前になるでしょう。これをみんな嫌がるんですよ。日本はまだいいほうで、メジャーリーグは球団からストップがかかっている選手がかなり多いと思います。出場して、ちょっと何かケガでもあったら、払っている給料の桁が違いますからね（笑）。そりゃ所属チームから「（代表に）入れないでくれ」となるのもわかりますけど。

日本代表でもメジャー組は条件があると聞いています。WBCで活躍して話題になったラーズ・ヌートバー（セントルイス・カージナルス）にしても、打席数を何打席か確保しないといけないという話を聞きました。彼は最初の試合からそこそこ打ったから栗山監督もそういう起用の苦労をしなくて済んだけど、もし何試合かノーヒットが続くような状況になったら起用法が大変だったでしょうね。

廣瀬　それは確かに面倒くさいですね。

宮本　そうなんですよ。皆さん、代表チームって各所属チームの主力選手、中心選手が集まるものと思ってるじゃないですか。これは野球だけかもしれませんけど、意外と、「あれ？　この選手が入っているんだ」みたいな選手がたまにいるんです。前回のＷＢＣなら、周東佑京（ソフトバンク）とか、鈴木誠也（シカゴ・カブス）が故障で辞退した後、急遽招集された牧原大成（ソフトバンク）とか。

もちろん２人とも良い選手なんだけど、この時点では自チームで確約の選手ではなかった選手なんです。え？　と思った人もいたはずですよ。でも彼らは、代表の監督からしたら、すごく「使いやすい」選手なんです。周東のように走ることに関しては超一流とか、牧原も守備ならどこでも守れるという選手ですから。そういう選手をサブメンバーに入れておくことが、短期決戦を戦ううえでは、結構大事なんです。それに、はっきり言っちゃえば、周東や牧原は代表に入ったこと自体がラッキーなんですから、すごく一生懸命やるんですよ。ベンチにいても、盛り上げ役を買って出たりとか。

ガチガチのレギュラーを15人とか20人揃えたらいいわけじゃないんです。それだと控えに回ったときに使う場面が限られてくるし、本人もコンディションを維持することが難しい。だから他の選手とのポジションの兼ね合いで、行っても控えに回る可能性が高いと思った選手が、「故障した」って言って辞退することもあるんですよ。

廣瀬　宮本さんは、代表チームで実際にサポート（控え）に回ったことってありますか？

宮本　ありますよ。さっき話した北京五輪や、WBC（第1回）もそうでしたね。

廣瀬　やっぱりゲームに出ていないとコンディションは落ちますか？

宮本　うーん……試合の感覚がね。僕らはバッターなので、バッターって受け身なんですよ。ピッチャーがボールを投げてきて、それに対応していかなきゃいけない。その対応の部分で、夏場のオリンピックならまだしも、とくにWBCは春なんで、やっぱりシーズンに入る前に、ある程度の打数をこなしておきたいんですよ。それが代表でチームに入って、レギュラーで試合に出ないとなると、圧倒的に少なくなってしまうものですから。

あのときはもう、WBCでは3打席しか立っていなくて、終わって帰国してから何日もしないうちにペナントレースが開幕したんですけど、最初のうちは、まだオープン戦ぐらいの感覚で打席に立っていましたね。

廣瀬　僕も2015年のワールドカップのときにはサポートに回ったのですが、やっぱり試合勘みたいなものは落ちましたね。実戦をしていないと、どうしても鈍ってしまうところがあります。

宮本　どのスポーツでもそうだと思いますが、日本代表として大きな大会に行くということは、ある程度自分のことは犠牲にしてでも、「優勝するんだ」「メダルを獲りにいくんだ」という覚悟がなくてはやれないことだと思います。オリンピック種目や、サッカーやラグビーの選手にとっての『ワールドカップ』というのは、皆さん、そうなんじゃないですか。

廣瀬　まさにそうだと思いますね。そこに懸ける気持ちは強いはずです。

宮本　でも野球の場合は、ＷＢＣという大会の位置づけがちょっと微妙なこともあって、そこでシーズンに影響するくらいなら、「別に出なくてもいいかな」とか、いろんな考え方の選手がいるのかもしれません。

「トップダウン」と「ボトムアップ」

宮本　廣瀬さんがキャプテンをやられていた当時の日本のラグビーは、まだみんなが世界との距離を自覚している中で、「世界のトップを目指すんだ」という目標を掲げたわけじゃないですか。その距離を埋めていくために、そうしたハードワークみたいなものがあったのだと思うんですけど、それで実際に距離が詰まっているのか、目標に近づいているのか、実感するのが難しかったと思うんです。「これでいいのか？」という不安もあったでしょうし。そこはもう監督のコントロールに任せるしかなかったですか？

廣瀬　そうですね。僕自身が、これまで日本代表に携わってる歴史がそこまでなかったというのと、そういう「トップ8」とか「トップ10」というのがどういった世界なのか、選手はみんなわからなかったですね。「これぐらいやったから大丈夫」なんて、全然見えませんでした。だからもう、エディーさんが言うことを基本は信じつつ、「何が大事か？」ということを考えると、日々を一生懸命積み重ねていくことしかないのかな、と。

僕個人としては、その「目標」ということはあまり意識しすぎないようにして、むしろ「目的」にフォーカスして、「なんのために勝つのか」というところですよね。そこをすごい大事にしていくように心がけていました。それが普段の行動や言動になってくるはずなので。その結果、ベスト8になるかもしれない。予選敗退することだってある。いずれにしても結果は最後についてくるものなので、そこにはとらわれない、とらわれすぎないっていうことを思っていましたね。

宮本　なるほどなぁ。いや、目標設定の難しさというのかな。相手は「世界」ですからね。僕らも日本がWBCで優勝しました、世界一になりました、と。じゃあこれで「日本が世界最強なんだ」とは誰も思っていませんから。メジャーリーグとの力の差ははっきり存在していますからね。

廣瀬　僕は志向性として、とにかく成績を収めたらいいというものではなくて、成長していくとか、どんどん上手になっていくということに重きを置いていきたいという考え方をしているので、直面した「結果」を、そんなに気にしすぎなかった気がします。前より良くなったし、前より上手になってるし、前よりラグビーが楽しくなってきた。この延長線上に勝利が見えてくるかもしれないね、というスタンス。そういうものを大事にしていくという考えなので。

だから、「今、どれくらいなんだ?」みたいな、そういうタイプのストレスは感じなかったですね。どうせ周りは、結果が出なかったら好きなこと言うんだし。当時のレベルでは、オールブラックスにはなかなか勝てないですから。だけど、同じ「ティア1」(ハイパフォーマンスユニオン=世界上位国)のイタリアには戦い方次第で勝てるかもしれない。それが現実だと思うんですよ。そう考えたら、「対相手」だけにとらわれるというのは意味がない、と僕はとらえてましたね。

宮本　その思考だと、試合の勝ち負けとは違うところに、自分が「うまくなっている」という手応えとか、「こんなことができた」という達成感みたいなものが得られたら、それをモチベーションにできるんでしょうね。

廣瀬　そうだと思います。どの試合でも、自分たちがやりたいラグビーに対してのキーポイントが何個かあると思うんです。そこを常に意識していく。チームの方向性と違うことに対して達成を得ても、それは単なる自己満足でしかないと思うので。

そこを見つけに行くというよりも、その方向性に則った大事なポイントを、知ってるだけ上手になっていくはずだし、あるいは自分が試合で活躍していくために大事なポイントが、どれくらい良くなっていったのかを日々確認していくことじゃないですかね。それをあえて探す、見つけていくという感覚は、あまりなかったですかね。普通にやっていく中で、見つかっていくものだと思っていました。

宮本　ワールドカップでラグビーが盛り上がっているとき、テレビで取り上げられていたんですけど、「チームビルディング」という、みんなでグループを分けて小ミーティングみたいなことをやったりする。あれはラグビーのチームでは、どこでもやっていることなんですか？

廣瀬　あぁー。みんなやっているんじゃないですかね。海外のラグビーのチームなんかも含めて、ああいう文化はありますよね。僕らは所属チームでも、日本代表でも、ごく当たり前にやっていたんですけど。

宮本　何かテーマを設定して、みんなで話し合ったりするんですよね。いや、野球のチームでは、選手がみんなでお酒を飲みに行ったり、焼き肉店で決起集会とか、そういうのはあるんですけど、ああいうスタイルって、ほとんどやらないんですよね。野村さんのやっていたミーティングともまた違うし。

廣瀬　企業なんかでも年に一回くらい、たとえば年度初めに、「今年の会社としてのテーマはどんなものか」とか「その目標に対してどうアプローチしていくのか」といったことを、部署ごととか社員同士でわりと砕いて話し合ったりしますよね。そのノウハウをスポーツに置き換えて、チームとしてやっているということなんでしょうけど。

宮本　やっぱり野球って、上から下に指示を下ろして動いていく、「トップダウン」型のスポーツなんですよ。だから選手が、自分たちで考えることをしなくなるというウィークポイントを持ってますよね。でもラグビーって、下から上に上げていく「ボトムアップ」なんでしょうね。文化の違いを感じます。

廣瀬　そこは確かに、競技特性の違いが大きいと思います。

ラグビーは自分たちで意思決定するシーンが、試合中においても多々出てくるんですよ。そういうスポーツに身を置いて、それに対応するにはトップダウンでは限界があると考えたときに、ボトムアップでいろんなものを考えたり、提案していくというのが、これはもう必然だなと思っています。なおかつ大人数で、ダイナミックで、プレーが止まりにくいという競技なので、それを応用できるのが、ああいうチームビルディングみたいな手法になってくるんでしょうね。

でも、宮本さんもおっしゃっているように、野球は監督が常に横にいて、細かく指示を出せるから、そんなの必要ないっていうことだと思うんですよ。環境の違いがそこに表れているだけで、逆に言えば、ラグビーというスポーツがそういう環境を生んでいるんじゃないですかね。

宮本　今、高校レベルでも、ああいうことを取り入れているチームがありますよね。選手たちで話をして、意見を上げていくという。

廣瀬　そこはまだ、それがスタンダードになっているかというと微妙ですよね。たとえばラグビーでも、まだ競技を始めたばかりの高校生とか、それより下の年代の子どもたちに対して、いきなり「自分たちで考えて、好きなようにやってみて」と言っても、どうしたらいいのかわからなくなる子がほとんどだと思うんですよ。だからまだ浸透するのには時間がかかると思いますけど、そういう風潮に少しずつなってきているのは間違いないですね。

宮本　もし今、エディーさんと会った日に戻って、もう一回「やれ」と言われたら、キャプテンを引き受けますか？

廣瀬　あぁー。引き受けたんじゃないですかね。うん。じゃないと日本ラグビー界の、今のこの世界がつくれていないと思うんで。

宮本　かっこいいなぁ。

廣瀬　いやいやいや（笑）。僕はもともと、「あのときこうしていたら」とか、あんまり「たられば」は考えない性格なんですよ。「そのときにベストを尽くした」と自分たちでは思ってるので。だから、「こうすれば良かった。ああすれば良かった」は、基本はないですけど、もしあるとしたら、もうちょっと遠征先なんかで、その土地を知るとか、なんかそういう活動がもっとできていたらなぁ、と。それぐらいですかね。

宮本　ほぉー。それは面白い視点ですね。

廣瀬　たとえばテストマッチでサンノゼ（米国・カリフォルニア州）とかも行ってたんです（2015年7月18日　WRパシフィックネーションズカップ第1戦　対カナダ戦）。サンノゼといえば、シリコンバレーじゃないですか。行っておけば良かったなぁ。

当時は、そういう視点がなかったですよね。ラグビーとビジネスとの接点をつくっていこうみたいなことを考えられなくて。観光地とか風光明媚なところには、「ちょっと見てみようかな」と思うことがありましたけど、ビジネスとか、「対人」みたいなところで、「ここに行って、こういう人に会ったほうがいい」というような発想があまり出てこなかったんですよ。そういうところに足を運んでいたら、もうちょっと刺激を、ビジネスとか人からもらえたかもしれないなっていうのは、今になって思いますけどね。

宮本　シリコンバレーかぁ。野球選手にはない発想だな（笑）。そうか、東芝にいらっしゃったんですもんね。精密機械とかを造ってる会社ですから。だけど、あれだけハードに試合や練習をしていたら、そんな余力がなくなるでしょう。

廣瀬　時間的にはあるんですよ。遠征なら試合と試合の間とか、ラグビーは何日か空くんで。そういうときに行こうと思ったら行けましたからね。

第5章

日本代表

2023年、野球とラグビー、両スポーツのビッグイベントが日本中の注目を集めた。

春3月に開催された『第5回WBC（ワールド・ベースボール・クラシック）』では、栗山英樹監督率いる野球日本代表『侍ジャパン』が、大谷翔平の投打にわたる活躍もあって、敵地に乗り込んでの決勝戦で、MLB（メジャーリーグベースボール）のスター選手を揃えた米国代表を倒して、3度目となる世界一に輝いた。

そこにはキャプテン制を敷かずに大会に臨んだチームで、アメリカから合流後、チームメイトとグラウンド内外で積極的に交流を図り、チームを率いる栗山監督をして「ダルビッシュ・ジャパン」とまで言わしめるほどのリーダーとなったダルビッシュ有投手の存在があった。

また、秋10月にフランスで開催された『第10回ラグビー・ワールドカップ』では、2大会連続の決勝トーナメント進出こそ阻まれたが、イングランドやアルゼンチンといった世界の強豪国に真っ向から勝負を挑み、勝利まであと一歩と迫る奮戦で魅了した。

かつては大きな開きのあった世界のトップとの力の差が、いまや確実に縮まっていることを証明する戦いぶりとなった。

このフランス大会では、２０１５年のイングランド大会以降、圧倒的なリーダーシップでチームを牽引してきたリーチマイケル選手から、次世代のリーダーとして期待されていた姫野和樹選手（トヨタヴェルブリッツ）へとキャプテンが交代し、チームにどんな変化をもたらすのかが注目されていた。

選手として関わることはなかったが、２人はそれぞれの競技の日本代表の戦いをどう見ていたのだろうか。

ワールドカップ直前で決まったキャプテン

廣瀬　今回（2023年）の『ラグビーワールドカップ・フランス大会』の話で言うと、日本代表は姫野和樹という選手をキャプテンにしたんです。

姫野は年齢的にはチーム内では中堅層になりますけど、2019年の東京大会のときから中心選手として活躍していて、代表や海外でのキャリアもある中で選ばれました。でも、決まったのが結構大会が開幕する直前だったんですよ。これがちょっと気になって。

何か事情があって、そこまで決められなかったんじゃないか、と。ラグビーはとくにキャプテンが大事なので、これを決めかねたっていうのが、チームの成績に微妙な影響があったような気がしてならないんです。もちろん各選手のケガの状況とか、外部にはわかりえないいろんな理由があったとは思いますけど。

宮本　チームづくりって、やっぱり軸が大事ですからね。野球で言うと、チームを引っ張るキャプテンとか、エースや4番打者という投打の軸というのを、ある程度、チームづくりの最初の段階で固めておきたいんです。その選手の能力とか資質を見極めたうえでキャプテンに据えて、キャプテンを中心にチームをつくっていく。何かあったときに、頼れるところがあるのが大事なんですよ。

ラグビーでも野球でも、いろんな大会で上を目指していくという中で、勢いに乗って勝っているときはいいんですけど、ひとたび劣勢になったときに、そのチームの真価が問われてくると思います。チーム力はすごく高かったとしても、軸がないと、案外脆《もろ》かったりしますから。「俺がやらないと」みたいなヤツが明確にいると、みんなもそこにワッとついていけますからね。

廣瀬　まさにそうだと思います。やっぱり積み重ねが大事なんで。姫野を選んだのであれば、彼がキャプテンとして、「この人は何を大事にしている」とか「どういうチームにしたいのか」を、チーム全体に浸透させていかなくてはいけなかったんですが、時間がなくて、そこまでつくりきれていなかったようにも見えました。

宮本　キャプテンがなかなか決まらなかったっていうのは、だいぶマイナス要素だったかもしれませんね。しっかり見極めることも必要ではあるんですけど、それでも「コイツだ」という選手を早く決めたほうがチームはつくりやすくなるし、劣勢に立ったときの強さも出てくるんじゃないかと思うので。

廣瀬　姫野本人も大変だったと思います。びっくりしちゃったんじゃないかな。

宮本　実際、姫野選手以外の選択肢はあったんですか？

廣瀬　もともとの選択肢は違う人だったのでは、と僕は思いました。それが何か事情があってハマらなかったから、ギリギリまで決められなかったんじゃないですかね。だって最初から「姫野」と決まっていたら、もっと早く発表していたはずですから。いろいろ試行錯誤があったことは想像できます。

宮本　そこが一番難しいところですよ。姫野選手がそうだという意味ではなく、「彼が軸だ」という人選を誤ると、チームがまったく違う方向に行ってしまう可能性もありますから。監督や、コーチを含めた首脳陣が正しく判断できていなかったために、「あれ、こんなチームのはずじゃなかったのに」ということが、野球でも結構あるんです。

廣瀬　やっぱりそうですよね。まあ今となってはどうにもなりませんが。

試合中に問われるキャプテンシー

宮本　ちょっと興味深いのは、たとえば野球の場合は、キャプテンが試合に出場していなくても、試合中に「ここはなんとかするぞ」というような場面があれば、キャプテンがベンチにいて、声を出したり、いろんな働きかけでチームに波及させることが可能なんです。でもラグビーの場合は、それまで試合に出ていたキャプテンが途中で交代して、フィールドから去ってしまうケースもあるわけじゃないですか。そうなったら、もう試合に介入することはできませんよね。そのときには、そのキャプテンの存在というか、役割というのはどうなるんですか？

　試合の中でプレーが止まる野球と、動き続けるラグビーの違いが、そのあたりに結構あるような気もしますが。

廣瀬　手続き的なことで言えば、キャプテンが交代するときには、試合に出ている誰かがリーダーを引き継ぐことになります。ただ、そこは試合中ももちろんそうなんですけど、その試合に向けての気持ちのつくり方とか、何が大事なのか、チームの文化とか、そういうところは、やっぱりキャプテンという名前の付いた人間が、自分の個性を出すところだと思うんです。なので、そこに至るまでのチームのプロセスがまずはすごく大事ですよね。

また試合中になると、キャプテンとは別に、背番号10番のスタンドオフとか、チームの戦術に合わせてゲームをコントロールするポジションの選手がいますから、そういう選手がキーマンというか、その現場においてのディシジョンメイキング（意思決定）を結構やってくれるんです。それが一つ、キャプテンが試合中に交代しても対応できる理由としてあるかと思います。

それでも実際に、プレーする選手がバラバラになっているときもあります。そういうときに、リーダーシップがとれるキャプテンがいると、次に何をするのかも明確にする言葉をかけて全体を落ちつかせたりもできると思うので、そのあたりがキャプテンの力が問われるところでしょうね。

宮本　それは野球も同じですね。キャプテンが「補欠」というか、試合に出場せずベンチにいたとしたら、グラウンドでプレーしている選手たちの中で軸になる存在がいて、まとめていく形になります。逆に言うと、どんなにリーダーシップがある選手でも、自分が出ていない試合の中で、「こうだ」と明確な指示をしたりするのは難しくなってきますよね。

廣瀬　そこは野球もラグビーも一緒で、基本はやっぱりキャプテンにはスターティングメンバーで出てほしいというのが、どの監督も本音だと思います。高校生くらいだったら、要求されることのレベルもそこまで高くはないから、キャプテンもいろんなやり方があるとは思いますけど。

宮本　現実的に、「試合に出られないキャプテン」が機能するのって、高校生くらいまでじゃないですかね。

廣瀬　そうでしょうね。高校生というか、学生の段階までかな。

宮本　それと、プロとか社会人になると、キャプテンを必ずしもチームの最年長者がやるとは限らないじゃないですか。キャプテンよりも年長のベテラン選手がいることだってありえますよね。キャプテンにとっては多少気を遣わなきゃいけないし、ちょっと面倒くさく感じることもあるかもしれないけど（笑）、それでもそうやって違う立ち位置から全体を見渡すことができる存在がいるというのは、チームの中で果たす役割は結構大きいと思いますよ。

廣瀬　あぁー、そうだと思います。だから姫野キャプテンで言うところの、リーチマイケル選手がそれだと思います。やっぱり彼にしか見えないこともあるだろうし、いろいろサポートはしてくれていたんじゃないかな。

監督やコーチとの交渉というか、選手と指導陣の間に入っていくようなことも、キャプテンがやらなくてはいけない役割なんですが、そういうところでマイケルがちょっと助言してくれたらスムーズに進むことがあるだろうし。あとは姫野と直接的に絡まなくても、彼の目が届かないところで若い選手に助言をしたりとか、チーム状態を見極めたりしながら、いろいろやっていたはずです。

宮本さんは、自チームでも日本代表でも、そういう立場になったことはありましたか？

宮本　キャプテンをしていて、歳が上の人がいたということはありますけど。どうなんだろうなぁ……そこが僕にはちょっと疑問があって。

プロ野球でもそうですけど、キャプテン制を敷くじゃないですか。それで、（キャプテンが）2〜3年やったら変わっていくというのは、僕は不思議でしょうがないんですよ。その人に適性があるからやらせてるわけじゃないですか。だったら、なんで2、3

年で代えちゃうのか。それがちょっと納得できないんですよ。

廣瀬　うんうん。おっしゃっていることはわかります。

宮本　キャプテンって、別につくられるものじゃないと思うんで。これは僕の考えですけどね、ある程度そういう資質がある人がキャプテンになると思っているんで。「コイツをしっかりさせないといけないからキャプテンをさせる」という監督がたまにいますけど、それって、だいたい失敗しますから。

廣瀬　そうかもしれない（笑）。

宮本　キャプテンをさせたところで、ちょっとマシになるというぐらいまでで、まあしっかりしないでしょう。そんなもんですよ。だったら、適正のある選手がいるなら、その選手にずっとやらせたほうがチームも安定するじゃないですか。

たとえば今、阪神タイガースで4番を打っている大山悠輔という選手がいるのですが、彼は凡打しても、一塁まで絶対に一生懸命走るんです。岡田（彰布）監督だったからとか、チームが優勝争いをするようになったからではなくて、ずっとそれをやっていたんです。そうすると大山がホームランを打ったとか成績を残したとかに関係なく、他の選手も、「大山さんがやってるし」とか、「大山は偉いな」という雰囲気になってくるんですよ。別に発言権があろうがなかろうが、その姿を見ていて、周りも何かを感じるようになってくる。そういう選手がキャプテンになるというのは、チームにとってすごく良いことでしょう。そしたらもうキャプテンにして、そういう姿勢の部分も引き継げる選手が出てくるまでは任せたらいいんですよ。

やっぱりキャプテンは、つくるものじゃないんですよ。その選手が自然とその位置に行くものだし、そういう選手が育ってきたときに、上の人がちゃんと選ぶかどうか。そういうところでしょうね。

廣瀬　だから僕の場合も、自然とキャプテンになった気がします。最初、アテネ五輪で長嶋監督に指名されたときは、「歳が一番上だから言われたんだろう」くらいに思ってたんですよ。でもそこで一度経験してからは、そういう意識がなくなりました。上がいようが、やれる人はあんまり関係ないと思います。「やりにくい」なんて思わないんです、やれる人はね。もちろんベテランや年長者には気は遣いますよ。でも、「気を遣う」くらいのことでやりにくさを感じるのであれば、それはもうその人には適性がないってことなんですよ。僕はそう思ってます。

まあ僕がどうかは別にして、適性というのはありますよね。

宮本　廣瀬さんは日本代表で、エディー・ジョーンズ監督の判断でリーチマイケル選手とキャプテンを代わられたとき、リーチ選手との関係性は、どんな雰囲気だったんですか？

廣瀬　あのときマイケルがどう思っていたのか、今となってはもうわからないんですけど。でも、やりにくさとかは、そこまでなかった気がしますけどね。

もちろんお互いに気を遣っていたところは絶対にあったと思います。でもそれは、どんな組織の中でもみんなやっていることのレベルじゃないですかね。あまり考えすぎたり、変にやりすぎると、逆にうまくいかなくなるでしょう。「あんまり気にしないようにやってくれたらいいのにな」という感じは、僕ら歳上の選手からしたら当然思いますから。それと日本代表ともなれば、そういうことがきちんとわきまえられる、人間的にもきちんとした選手がメンバーに残るものですからね。

宮本　そこはどのスポーツでもそうでしょうね。また、そうであってくれないと困るし。

廣瀬　はい。だから、そこまで大きな問題は起こらないと思います。ただ、言い方は良くないけど、レベルがちょっと下がっちゃうと、そういうことは面倒くさいっていう人も出てくると思うので。そうなるとまた、キャプテンも少し大変というか、気を遣う範囲が大きくなってしまって難しいですよね。

2023ラグビーワールドカップを振り返って

宮本　廣瀬さんは専門家でありラグビー関係者の一人として、2023年のワールドカップでの日本代表の戦いぶりについては、どんな評価をしておられますか？

廣瀬　大会前の目標としては、前回大会と同様に、「決勝トーナメント進出」という設定をしていたと思います。結果だけを見ればベスト8までは行けなかったですけど、まったくダメだったかというと決してそんなことはない。予選リーグの最終戦まで盛り上がって、決勝トーナメント進出がなるかどうかというところまで持って行けたというのは、これはもう選手みんなの頑張りに尽きるでしょうね。

最後のアルゼンチン戦にしても、負けはしましたけど、すごくいい試合で、ラグビーの魅力が伝わる試合だったんで、悪くはなかった印象を持ちました。ただまぁ、試合展開的には勝てる可能性が十分あっただけに、悔しさも多少残っているかな。僕に言えるのは、そんなところですかね。

宮本　僕はテレビで観戦していて、こんなことを偉そうに言って申し訳ないんですけど、「日本、強くなったな」って思いました。
　今まではだったらイングランドだとか、そういう「強い」と言われている国と対戦する前には、やっぱり「ちょっと厳しいだろう」という見方をしていたんです。それが今回は、「勝つんじゃないか」という期待があったし、実際に試合で本当に互角というか、廣瀬さんが言われるように、勝つチャンスもあったように思えました。そのアルゼンチン戦にしても、試合中に「こりゃー勝てるぞ」って、かなり力が入りましたからね。

廣瀬　あぁー、そうですか。それなら良かった。

宮本　あと、久しぶりにどっぷり見ていて、結構ルールが変わってるなぁ、というのは感じましたね。試合が止まって、「これは?」みたいなのが何回もありました。

廣瀬　いや、そうなんですよね。そう思われるのもわかります。

宮本　でも、そういうのを、何試合か観ていくうちに僕らも覚えていくじゃないですか。それで、よりいっそう面白さが深まるというか。「あれ?　今のは○○だから反則じゃないのか」とか「これはアドバンテージ取ってるんだな」とか（笑）。

廣瀬　なんか、嬉しいですね。そういうふうに認知されるというか、見てもらえるというのは、僕らにとってすごく大事なことなので。また、パッと観て、そうやって「強くなった」と思ってもらえることも。うん。めっちゃ嬉しいなぁ。

宮本　ここ数年ですよね。やっぱり流れというか、ストーリーがあったと思うんですよ。前々回の大会（2015年イングランド大会）で、あの南アフリカとの逆転ゲームがあって。あのときは「なんかラグビーですごい試合があったんだ」という感じでみんながラグビーに興味を持って、そしたら次は日本で大会をやるということで注目が集まって、そこで期待に応える試合をしたことで、今回はもう最初からみんな「日本、どれくらいやるんだ？」というのがありましたからね。それで、あの「どないかすれば」という試合ですから。あれは観ていて面白かった。

廣瀬　ありがとうございます（笑）。

宮本　一つ気になったのは、僕ら野球の人間って毎日試合をやるでしょう。だからラグビーの、あの試合と試合の間隔が結構空くのが、慣れないとちょっと違和感ありますよね。

廣瀬　やっぱりそう思われましたか。そうなんですよ。ちょっと長いですよね。そこは大会を通して、僕らも課題感があります。

ラグビーは試合での消耗が大きいので、選手のケア、コンディショニングの点から、どうしてもリカバリーの時間がある程度必要なんです。ただ、ああいう大会で盛り上がっている中で、観ている人は、「あれ？　なかなか試合が来ぃへんな」と思ってしまいますよね。

宮本　そうそう。いい試合を観たら、「早く次の試合が観たいな」って思うじゃないですか。だから、もっと試合間隔を短くしてどんどんやるというのが、人気の面を考えたら理想的なんだけど、やっぱり試合を見たら、「それは無理だよなぁ」というのもわかるんで。1試合の消耗がすごいですもんね。いや、難しいところなんだけど、(日程は)そういうものなんだと理解して観ていれば、全然、受け入れられると思いますよ。

廣瀬　そうですか。試合自体は確かに面白い試合が多かったんです。日本の試合もそうですし、決勝トーナメントに行ってからも、力の拮抗《きっこう》した、1点差の試合もむちゃくちゃ多くて。最後までどちらが勝つかわからない試合展開が多かったですから。

宮本　決勝トーナメント、すごかったですよね。「これが世界のトップ同士のぶつかり合いか」と納得しました。だけど、あの決勝戦なんかを観てしまうと、南アフリカとかニュージーランドとか、「日本も強くなっているけど、ちょっとところはレベルが違うんだな」と。試合を堪能した後に、ふと我に返ってため息をついてしまうような（笑）、そういう気持ちになっちゃいますね。

廣瀬　そうなりますよね。まだ差がありますからね。

宮本　あのあたりの国と戦うとなると、まだ厳しいんでしょうね。だから「世界一」まではちょっとね。

廣瀬　はい。まだ高いハードルがあります。やっぱり「世界一」というのは一足飛びに行けるものではないので、今後は世界のトップとの差をどうやって詰めていくかというところになってくるでしょうね。

　野球は「世界一」ですもんね。僕らからしたら雲の上のような存在ですよ。

宮本　そんなことはないですよ。野球はボディコンタクトがないスポーツなので、道具をうまく使えたら、身体能力の差があってもなんとか勝負になりますから（笑）。

廣瀬　いやいや、それだけじゃ絶対に世界一は獲れないでしょう。

宮本　ワールドカップの日本の最後の試合、アルゼンチン戦で、スコアは別として、前半は対等に渡り合っていた印象がありましたけど、後半になってだんだん押せなくなってきて、最後のほうは押し切られてしまったように見えました。あれは、やっぱりパワーの違いですか？

廣瀬　まあフィジカルの差はかなりありますよね。世界の強豪国は、フィジカルレベルがさらに上がっているように思います。

宮本　今回の大会では、どういうアプローチでその差を詰めようとしていたんですか？

廣瀬　前回（2019年）の日本大会で指揮を執ったジェイミー・ジョセフHC（ヘッドコーチ）の体制がそのまま続くことになり、2023年のフランス大会に向けて、まずは選手層を厚くすることを考えていたはずなんです。2019年の大会後、そこに課題感がありましたからね。

ところがその後、コロナ禍が始まったことで、強化が滞ってしまったんです。予定されていた国際試合が中止になったり、ワールドカップ日本大会の後、2年間ぐらいは強化どころか、活動そのものができていませんでしたから。これが誤算というか、大きな影響を及ぼしていた気がします。

今回のフランス大会、日本は登録していながら一度も試合に出場することがなかった選手が、5、6人いるんですよ。海外の強豪チームは、わりとコンスタントにみんな起用されています。それによって、主力選手の消耗を防ぎながら予選リーグを勝ち抜いて、決勝トーナメントになったら、いよいよベストメンバーで戦っていこう、という感じです。

日本は初戦からベストメンバーをスタメンに並べて、その選手たちがほとんど変わらずに予選の4試合を戦わなくてはいけない。そうなれば予選リーグの後半や、決勝トーナメントまで行くと、相当に疲労が蓄積して、当然パフォーマンスは落ちてくるはずです。それでもチーム全体としては選手のレベルに差があるので、交代がなかなかしにくいんですよ。

宮本　なるほどなぁ。選手層かぁ。

廣瀬　層の厚さ。その大会にエントリーした誰が出ても、チーム力を落とすことなく、それなりに戦えることが、一つのブレイクスルーポイントになるのかなと思います。

世界との差

宮本　また素人感覚の質問で申し訳ないんですけど、そういうフィジカルの差がかなりあるという中でも、試合の中でスクラムを組んだら日本が押し勝ったりするじゃないですか。あれはやっぱり、技術力の勝利ということですよね。

スクラムって、体のサイズとかフィジカルの差がすごく出やすいところだと思うんです。それでも日本人にもともと備わっている勤勉さに、知恵とか工夫とかを結集したら、フィジカルの差を克服できるんだと思いました。ちょっと考えが甘いですか？

廣瀬 いや、まさにそういうことだと思います。

スクラムに関していえば、「1対1」じゃなくて「8対8」になったら、その8人の力を100パーセント同じ方向に出しきれたら、あれだけやれるということなんです。一人ひとりのフィジカルには差があるんで、単なる1対1の力比べになったら、そりゃ勝てません。でも、8人が集合したときに、この8人がポテンシャルの100パーセントを出しきって、相手が出しきれなかったとしたら、こういう逆転が起こりうるんです。

日本代表には長谷川慎さんというスクラム担当コーチがいて（現在は退任）、この人が徹底的に研究を重ねて、スクラムを組む8人それぞれのつま先の向きから力の掛け方まで、それこそ数ミリ単位で「こうしろ」という指示をしながら、練習を重ねてつくり上げてきたものが、試合で発揮されていましたね。

宮本　そういう緻密さが、どの競技にも通じる「日本らしさ」なんでしょうね。

廣瀬　だからシンさん（長谷川）は、「日本のスクラムのやり方を、もし海外のチームがやったら、日本は勝てなくなる」と言っていました。身体的なポテンシャルに勝る海外のチームが、そうやって日本のように緻密に研究をしてきたら、こちらの勝てる要素がなくなってしまうという意味です。見方を変えたら、それぐらい強いこだわりを持って「日本のスクラム」をつくってこられたということなんです。

宮本　野球でも、それはよく言われますよ。「アメリカが本気を出したら勝てない」って。WBCでも、3月だからまだ日本にも勝てる要素があるけど、これがシーズンが佳境に入る夏場以降、オリンピックみたいに8月あたりの開催になったら、かなり厳しくなってきますね。

廣瀬　その視点は面白いですね。実際に、そういうものなんですか？

宮本　春先の調整というのも結構難しくて、決して楽なことではないんです。それでも日本の選手たちは真面目だから、「ここで試合があるから」と言われたら、代表選手はそこにちゃんと照準を合わせて、みんな頑張って調整するんです。

　アメリカの選手たちも、そりゃ国の代表として気持ちは入っているんでしょうけど、体をどこまでベストに持ってきているかというと、ちょっと怪しいところがありますよ。それは大会のたびに感じています。メジャーリーグというのは、各地区の優勝争いが佳境に入る8月以降に活躍する、調子を上げる選手が多いんです。そこで活躍した選手が評価されるんです。だから、そこに合わせていく感じでシーズンに入っていくんですよ。WBC用に体を仕上げるという発想は、そもそもないはずです。

廣瀬　ロサンゼルスで開催される次回のオリンピック（2028年）では、野球がまた競技に入ってくるじゃないですか。アメリカは自国開催だし、何がなんでも金メダルを獲りたい。MLBとしても、野球を世界にアピールしたいから、シーズンを中断してでも、本当のオールスターチームを結成してくるんじゃないかと言われているんです。バスケットの「ドリームチーム」みたいな。インパクトありますもんね。

宮本　そうなんです。これ、8月の、向こうの選手たちはまさにコンディション的に仕上がってきてピークに近い状態で、逆に日本の場合は、ちょうどペナントレースの疲労が蓄積してきて、「疲れてるかな」という時期になるんですよ。

廣瀬　そうかぁ。それは厳しいですね。

宮本　はい。だからWBCは、3月だからこそ日本も勝てるチャンスが大きいんですよ。

廣瀬　なるほどなぁ。現実に、アメリカとはどれくらい力の差があるんですか？

宮本　毎年10月になると、両リーグ、各地区の優勝チームが決まって、ポストシーズンの戦いが始まるんですけど、そりゃすごいですよ。ピッチャーなんて、「こんな球、どうやって打つんだ？」というようなエゲツないボールを投げてますからね。

仲の良い記者が現地にいて、以前、こんな話をしていました。CC・ザバシアというヤンキースなどで活躍したピッチャーがいたんです。メジャーで通算250勝くらいして、年俸も当時20億とか30億円くらいもらっていた、超一流の選手です。シーズンが開幕して間もない3月か4月くらいに試合を観に行ったときには、全然たいしたことがなくて、「こんなんで30億ももらってるの？」みたいな感じだったらしいんですよ。それでまた、9月ぐらいになって、優勝争いの真っ最中の時期に観に行ったら、「これが同じピッチャーなのか？」と疑ってしまうくらい、まったく別人のようなボールになっていた、と。

廣瀬　それは、そういうコンディショニングをしているからですか？

宮本　そうです。彼らはいわゆる「メジャー契約」という契約形態になるから、シーズン中、大きなケガとか、よっぽど酷い状態にならない限りは、本人の意思に反してマイナーに落とされたりすることはありません。先発投手なら中4日のローテーションで、ずっと投げ続けているんです。日本みたいに、ちょっと勝ち星が伸びないからといって、「二軍に行って調整してきて」みたいなことがない。そうやって投げ続けているうちに、だんだん調子を上げてくるんですよ。

廣瀬　すごいですね。ちゃんと懸けてるんやなぁ、そこ（ポストシーズン）に。

宮本　だからWBCの3月開催は、もちろん日本の選手にもデメリットはありますけど、夏場や秋にやるよりも、とりあえず勝てるチャンスは大きくなるかな、と。

廣瀬　そしたら、WBCで大谷選手が活躍して、決勝戦でも最後に投げて優勝投手になりましたけど、シーズン中に肘を故障してしまって手術に至ったわけじゃないですか。あれも、そうした開催時期との関連があるんですか？

宮本　シーズン最後までもたなかったですもんね。投手の肘は繊細なので判断が難しいところですけど、まぁ、まったくないとは言いきれませんよね。
　WBCには投手の球数制限というのがあって、予選から段階的に投げても良い球数が増えていくんですけど、あれもMLB側が投手を故障から守るためにつくったルールですから。あのとき大谷は予選ラウンドで先発して、これでもう登板はないと言われていたんですけど、決勝戦で1イニングとはいえ登板することになったのは、所属チームとの契約とか、水面下でいろいろな交渉が行われていたはずですよ。僕らも取材していて、「投げるの?」「どうなの?」とギリギリまでわからなかったですから。

廣瀬　そういうことがあるんですね。野球はなかなか難しいなぁ。

でも、そこはラグビーも同じことが言えますね。僕らもワールドカップ・イングランド大会(2015年)の初戦、南アフリカに勝ちましたけど、決勝戦でやったらまったく違うゲームでしょう。次の日本大会で、決勝トーナメントに進出して当たった相手が南アフリカだったんですけど、圧倒されてしまいましたから。

宮本　あぁー、そうでしたね。

廣瀬　あのとき、南アフリカは大会の初戦でニュージーランドと対戦して黒星スタート。予選リーグを2位で通過しているんです。スタートは「あれ?」という感じがあったんですが、どんどん調子を上げて決勝トーナメントでは別のチームになっていました。そのまま決勝戦でイングランドに勝って優勝です。逆に日本は予選リーグからの疲労の蓄積で、南アフリカ戦では本来の力を出しきれなかった面もありました。

やっぱり南アフリカにしてもニュージーランドにしても、世界のトップのチームには、一つの大会の中でもピーキングがありますね。一番後ろ（決勝戦）から逆算しています。とくにラグビーのワールドカップは大会期間が結構長いんで。予選リーグではうまく調整しながら、決勝トーナメントに向けて上げていけるような戦い方をもう熟知しているんでしょうね。

宮本　そのあたりは、その大会に懸ける意識の違いみたいなものもかなり影響していると思いますね。

やっぱりいろんなスポーツの『ワールドカップ』というのは、どこの国もそれに合わせてチームをつくってくる。もしシーズン中であれば、公式戦を止めて代表チームの強化を優先させるわけじゃないですか。だけど野球は、確かにWBCもある程度認識されてきましたけど、それでもいまだに「本当に世界大会なの？」という疑問がありますから。

WBCって、第三者機関が入っているわけでもない、MLBが管理・運営している大会なんです。だから、準決勝の相手が急に変わるなんてことが平気で起こってしまうんですよ（笑）。

廣瀬　え？　そんなことあるんですか？

宮本　今回のWBCで、当初のトーナメントの振り分けだったら、日本と米国は準決勝で対戦するはずだったんです。それが、両チームの決勝トーナメント進出が決まった時点で、組み合わせが変更になったんですよ。大谷とトラウトという、エンゼルス（当時）でチームメイトとして戦っているメジャーを代表する2人のスターが、それぞれ日本と米国を率いて決勝戦で激突するというストーリーで、興行的には盛り上がったんでしょうけど。「それでいいんかい？」という気はしますよね。

廣瀬　うーん……なんとも言えない話ですね。

宮本　いや、おかしいですよ。だから、本当の「世界大会」をやるんだったら、まず日取り、期間をきちんと決めることからでしょう。4年に一回、「ここはもうWBCをやるから、公式戦を止めてくれ」というふうにして、各国のシーズンもそれに合わせた試合日程を組む。そういうふうにやらなきゃ、結局選手の派遣の問題とかで、本当の世界一を決める大会にはならないと思うんです。

でも、そうなるとメジャーリーグにいろいろ問題が出てくるんでしょうね。それこそ年俸40億とか50億円の選手と契約してたら、「そんなところでケガでもされたら」ということを球団は考えますよ。だから野球の場合は、もう今のやり方で精一杯なんだろうな、という気はしますね。ＷＢＣそのものが、どこまで続けられるのかもはっきりしないところがあるし。

廣瀬　それでも、ＷＢＣという大会はイベントとしても定着してきているだけに、終わらせてしまうのは惜しい気もしますけど。難しいところですね。

ラグビー日本代表が今後目指すこと

宮本　さっき、「ＪＡＰＡＮ ＷＡＹ」という話がありましたけど、日本のラグビーが目指すべき方向性、チームづくりという点で、世界にパワーで対抗できるチームを目指していくべきなのか、それとも、これまでのように日本独自の緻密さを磨いていく戦い方がいいのか。廣瀬さんはどうお考えになりますか？

廣瀬　最低限のフィジカルは必要ですけど、そこからは「日本らしさ」というものがないと、絶対に勝ち進んではいけないと思います。それに、やっている選手も、観ているファンも面白くないでしょう。やっぱり技術もそうですし、連動性みたいなところもそうですし、フィットネスとか、ハードワークとか、そこら辺を詰めていくのが自分たちらしさ、「日本らしさ」だと思いますから、これからも継続していくべきじゃないですかね。

宮本　ちょっと興味があるのは、ラグビーの場合、日本代表に外国籍選手を加入させることができるじゃないですか。現状、彼らは外国の強豪チームとのパワーの差を埋めていくためには、必要不可欠な戦力ですよね。今後、代表チームにおける外国籍選手への依存度というか、メンバー編成はどうなりますか？　規定をクリアしていれば、何人でも入れるわけですもんね。極端な話、先発15人のうち大半が外国人選手というようなことも、ありえるんですか？

廣瀬　確かに、そうすることでチームのフィジカルは強くなると思います。でも、「我々の存在意義は？」ということを考えたときに、チームの大事なカルチャーがなくなってしまうリスクも同時にありますよね。

自分の考えを言わせてもらえば、スポーツって勝利も大事なんですけど、勝利だけのためにやってるわけじゃないと思うんです。今、オリンピックもそういうところが見直されていますよね。「メダルの獲得数をターゲットにするのはやめよう」という方向に変わりつつあるじゃないですか。パリオリンピックでも、オーストラリアなどは、もう国として、「メダル何個を目指します」みたいなのをやめたみたいです。

宮本　へぇー。今、そういう流れなんですか。

廣瀬　はい。そういう世界の流れの中で、これから日本がどういう方向を目指していくのか。もちろん勝つことも大事なんで、目標として持つのはいいですけど、それだけじゃないところにスポーツの本来の価値があると僕は思うんです。

　だから、ラグビー日本代表は、ワールドカップで目標としていたベスト8まで行けなかったけども、宮本さんから言っていただいたような、「面白かった」という感想を聞けたり、同じように試合を観てくれたいろんな人に認知してもらえる。それが競技の普及につながる。そういうところに僕はすごく喜びを感じるし、日本のラグビーが前に進めているという手応えを感じられますね。

宮本　今回、エディー・ジョーンズさんがヘッドコーチに復帰されて、また新たなチームづくりが始まっているんですよね。日本代表の指揮を執るのは、何年ぶりなんですか？

廣瀬　ワールドカップが2大会、間に入っているので、8年ぶりになりますね。

宮本　8年かぁ。結構ブランクがあるんですね。8年空くと、選手の顔ぶれも変わって、価値観だとか考え方みたいなところも変化していると思います。今の選手たちに、廣瀬さんたちの頃と同じようにハードワークを課したとして、選手たちは意図を理解してついてこれますか？

廣瀬　それはエディーさんが彼らにどういうラグビーを提示するか否かかなと思います。「8年前にこういうことをしたから」というのは、もうお互い白紙にして、「これからどういうラグビーをやろう」ということにフォーカスして、それに対して、みんながワクワクできるのかどうかじゃないですかね。もう過去云々のことは、僕はそこまで気にしてないですね。

宮本　「俺たちのときはこうだった」みたいなことを言ったところで、今やってる選手たちには響かないですからね。野球界にも結構いますけど（笑）。

廣瀬　それを今の選手が求めてきたら、経験者として何か話をするようなこともあるかもしれませんが、聞かれてもいないのに、僕らから「あのときはこうだった」という話は、とくにする必要もないですからね。それはもう、エディーさんが2回目だから「前のときはこうだった」というのだけでなく、ジェイミーが指揮を執っていたときのこともすべて一緒で、過去の話は、聞きたいと思う人がいたときに、話せばいいのかな、と。

それと、エディーさんとコーチングスタッフが大事にしていて、チームとして継承していくべきことであれば、今いる選手同士がうまくつないでいけばいいんですよ。それがラグビーらしさだし、本当の継承を生むと思うんですよ。そこがむしろ大事なんじゃないかと僕は思いますけどね。

宮本　この8年間で、エディーさんも指導者としての実績を積んでこられたんですよね。

廣瀬　そうですね。2019年のワールドカップでは、イングランドを準優勝に導いていますから。あのときは、「イングランドのラグビーの誇りを取り戻した」という意味でも、大きな実績ですよね。勝ったからプライドを取り戻したのか、プライドがあったから勝ったのか、そこはわからないのですが、どちらにしても、イングランドにとっては誇らしさを感じる成績だったはずです。2022年限りで退任されましたが、今回（2023年）のワールドカップのイングランドを見ても、チームのボトムをつくったのはエディーさんだったことは間違いないです。だから、イングランド代表のコーチとしては、とても良い仕事をしたと僕は思ってます。

その後のオーストラリア代表のヘッドコーチとしては、2023年のワールドカップで初めての予選敗退ということで、当然、いろんな批判を浴びることになりました。ただ当初は、次回2027年のワールドカップ・オーストラリア大会までの契約だったので、もう腹をくくって、「2027年のために」ということで、チームを若手主体に切り替えたんですが、それがうまくハマらなくて、ああいう結果になったのだと思います。でも、あの若い選手たちは2027年のチームで主力として活躍するでしょうから、ご自身は短期間で退任になりましたが、次につながる種は蒔《ま》いてこられたと思います。

宮本　日本代表との8年間のブランクは大丈夫ですか？

廣瀬　日本のラグビーをきちっと勉強されていらっしゃるから、知識はあると思います。課題もわかっているはずです。大学生を積極的に招集したり、選手の発掘にも力を入れていますね。ジェイミーのときは、そういう若い世代へのアプローチは、そんなになかったですから。やりたくても、コロナがあって、そうしたスカウティング活動ができませんでしたからね。そもそも、それはジェイミーがやるべき仕事かどうか？　という疑問はありますし、協会もそこまで求めていなかったのかもしれません。今のエディーさんは、そういうことにも一本軸を通そうとしている印象がありますね。

宮本　そしたら、いろいろ斬新なことが行われそうですね。

廣瀬　まあそうですね。もちろん彼のアイデアをどう実現していくのかとか、それは本当にやるべきことなのか？　というのは協会全体で考えないといけないですけども、今とはまた違ったアイデアを持ってるのは間違いないと思います。

宮本　今の選手の中では、どんな選手がリーダーになっていくと予想されますか？　「この人がリーダーにならなきゃいけないよね」みたいな人が、もういるんですかね。

廣瀬　これぼっかりは、僕がどうこう言うことでもない気がするので……。ただ「超速ラグビー」というスローガンを掲げているくらいなので、スピードがあるラグビーを体現してくれる、勇気のある選手がリーダーになっていくべきだとは思っていますね。誰とは言えないですけど、そういう人がリーダーになってほしいです。

宮本　もう新しい代表でテストマッチも始まっているんですよね。ワールドカップのようなビッグイベントがないと、どうしても報道される機会が少ないので、情報が少なくなりますよね。でも、これまでの蓄積があるので、みんな期待感はあると思いますよ。

廣瀬　そこはまだちょっと手応えがつかめないところもあって、はっきりとはわからないんですが。エディーさんについても、国際的なメディアからは、8年間の中のなかなか結果が出なかった最後の2年間くらいを取り上げられることが多くて、そういうネガティブなものを見たら、日本の人にはどう思われるのかな？　とか。

だからこそ、エディーさん自身が実際に思っていることをきちんと伝える機会をつくったり、若い選手とのつながりをちゃんと築くとか、対話が大事になってくると思います。協会もどんどん動いてリーグワンとの関わりをもっと緊密にするとか、そういうリアルな積み重ねをきちんとしていくことができたときに、すごく良いバックアップ体制っていうんですかね、ラインもつくられてくるなと思うんです。何もしなかったら、そんなに良いものはできないんじゃないかとも思うんで、何かアクションを伴ってやっていくっていうことが、今、大事かなと思っています。

宮本　次回のワールドカップが2027年ですよね。どんなチームになるのか、廣瀬さんの頭の中でも、まだ見えてこないですか？

廣瀬　そうですね。でも、大きな方向性は変わらない気がします。「フィジカルを基盤にしながら、日本らしさ」という軸があって、エディーさんが、その「日本らしさ」の中にどういうエッセンスを入れていくかということでしょうね。

メンバー的には、ここ何大会かの代表の主要メンバーから、大きく変わってくると思います。堀江翔太（元パナソニックワイルドナイツ）が引退しましたし、リーチマイケルにしても年齢的にはどこまでやれるのか。稲垣啓太（パナソニックワイルドナイツ）や流大《ながれゆたか》、松島幸太朗（ともにサントリーサンゴリアス）……。まあ変革期というか、転換期ですよね。それだけに、もう一回、チームをつくり直す時期だと思います。

あとは『スーパーラグビー』への参加がなくなったんで、それは強化の面で結構痛いところですよね。国際的な経験をどう積んでいくのか。テストマッチと、テストマッチ以外のところでも、どうやって外国の強豪チームと試合を組んでいくのかというのは、課題になってきます。これは代表というよりも、協会の課題でしょうね。

宮本　ニュージーランドとかイングランドなどとテストマッチを組むことは、なかなか難しいんですか？

廣瀬　やっぱりハードルは高いですよね。やるなら、競った試合をしなくてはいけないですし。対戦相手も日本と試合をすることで何かメリットがなければ、そうそう組んではもらえませんから。そういう信頼を、どうやってつくっていくのか。それでも、強いところと試合をすることは絶対に必要です。

あとは今、世界のトップ12カ国くらいが集まって試合をする、新しい国際大会の準備が進んでいるんです。２０２６年からスタートする予定なのですが、じゃあそれまでの期間をどうしていくのか。みんなで考えていくしかないですよね。

宮本　ほぉー。それはラグビーのファンはみんな楽しみにしているでしょうね。

野球はメジャー組を呼べるかが課題

廣瀬　野球の日本代表は、今、どんな状況なんですか？

宮本　ＷＢＣの後、なかなか監督が決まらなくて、「どうするんだ？」という状況だったんですけどね。以前はオリンピックとＷＢＣくらいしか日本代表ってなかったんですけど、今は毎年のように国際試合がありますから、チームを動かしていかなきゃいけない。それでアンダー15の日本代表で監督をしていた井端弘和が暫定的な形で監督に就任して、その後の試合で結果も出ていたので、２０２６年のＷＢＣまで指揮を執ることが決まったんです。

今年のオフには『プレミア12』という国際大会があって、日本は決勝で台湾に負けて2位で終わりました。井端監督、ＳＮＳで結構叩かれてましたね。まあインターネットを気にしてたら何もできないですから。

ただ、今回は若い選手中心のチームだったので、じゃあ「この中から、ＷＢＣには何人出られるかな？」と考えたら、たぶんメンバーはガラッと変わるんだろうな、と予想しています。結局、ＷＢＣ以外の大会では、メジャー組を呼ぶことが難しいんですよ。

ということは、ＷＢＣ本番でも、メジャー組をどれだけ連れて来ることができるのかというところで、監督の力量が問われてしまうんです。だって前回、栗山監督が「これ」という選手をみんな連れてきちゃいましたから。これでもし、次回みんな来てくれなかったら「人望ないんだな」と、監督の人格が否定されてしまいますからね。ファンも、「大谷は呼べるのか」というところに一番の関心が向きますし。

廣瀬　確かにそうですよね。それはまたプレッシャーが大きいですね。

宮本　でも、いくら監督が呼びたくて、本人には出たい意思があっても、球団が「Ｎｏ」ならダメなんですよ。そこはもう、どうにもならないことなので。

だから井端監督も、今の段階では、「ここのポジション、この打順には、この選手が入るんだろうな」みたいな感じで、あくまで想像の中でチームをつくっていかなくてはならない。それと同時に、呼びたかったメジャー組が誰も参加できないことも想定した、別のラインナップも考えておかなくてはいけないし。

廣瀬　じゃあ4番が誰でエースが誰で、どんな選手がチームの中心になるのかも、まだわからないということなんですね。それじゃ監督はいろんなプランが立てられないですよね。大変だなぁ。

宮本　そうなんです。だから監督がなかなか決まらなかったんじゃないですか。断った人もいたと思いますよ。勝ち負けのプレッシャー以上に、メジャー組の招集の問題が結構大きかった気がします。

逆に僕は、栗山さんがもう一回やるしかないと思っていましたけどね。一度優勝しているんだから、別に負けたっていいじゃないですか。むしろ負けたほうが、次の監督がやりやすいかもしれないですし（笑）。それぐらい、今、代表監督の使命が単純なものではなくなってきている。「優勝するんだ」「金メダルを獲るんだ」というだけじゃなくなっているような気がしますね。

廣瀬　宮本さんにもオファーは来なかったんですか？

宮本　僕には来ませんでしたね（笑）。来るわけがないです。

廣瀬　え？　なぜですか？　適任者のような気がするんですけど。

宮本　いろいろ言っちゃうからです。簡単に言うと、扱いづらいからです（笑）。

廣瀬　それもおかしな話やなぁ（笑）。

宮本　まあ、やりたいとも思ってないから、いいんですけど（笑）。

変わる日本野球

宮本　野球の日本代表も、今、大きな曲がり角に来ている気がしますね。

数年前から、各世代別の日本代表を、「侍ジャパン〇〇代表」ということで統括して、小学生年代から中学生、高校生、大学というように、一本のラインをつくったんです。そのトップカテゴリーの代表チームが、ＷＢＣで優勝して世界一になった。それも大谷翔平に象徴されるように、それまで日本人が劣るとされていたパワーを前面に出した野球で勝負を挑んで、アメリカを倒して優勝できたわけです。

これは、今後の日本が目指すべき方向性を示していると思うんですよ。これまで日本が世界と戦うには、どちらかというと器用な選手を集めてきて、バントや小技を使って点を取っていく野球、いわゆる「スモールベースボール」が望ましいとされていました。でも、それが本当に正しいのか、見直すきっかけにもなったんです。

実際に、小学生年代の『アンダー12』や中学生年代の『アンダー15』のチームでは、プロ野球経験者が監督として指揮を執って、もちろん細かな技術だとか野球の緻密さ、いわゆる「日本らしさ」を備えたうえで、フィジカル的にも海外のチームに負けないような選手を選んで、パワー野球で世界に勝負を挑もうという方針を打ち出しました。そんな流れの中で、2023年、高校生年代の『U－18 ベースボールワールドカップ』という国際大会があったんです。この日本代表に、高校生で注目されていた、体格があって、いわゆる「スラッガー」と呼ばれているような選手たちが選出されず、守備や走塁に長けた小回りの利くような選手を集めチームをつくって大会に出場し、優勝して世界一になったんですよ。

もちろん勝ったことは評価されていいと思いますが、進化しようとしていた日本の野球を、「スモールベースボールに戻してしまった」という見方もできるわけです。それについて、野球界の中でもいろんな議論があったんですけど。

宮本　へぇー。なるほどなぁ。

廣瀬　これには、「7イニング制」という大会ルールが背景にあった気がします。今、高校野球でもこの「7イニング制」が検討されているんですけど、『アンダー18』はすでに導入されていて、9回までやらないんですよ。そうなると、日本のピッチャーは世界基準でも相当にレベルが高いので、7回くらいまでなら、そこそこビシッと抑えられるんです。そしたらピッチャーが楽になるように守備のうまい選手を起用して、バントやスクイズで1点ずつ取っていけば、勝てる確率はかなり高くなりますよね。

廣瀬　そもそも「7イニング制」を導入する目的は、どんなところにあるんですか？

宮本　試合時間の短縮です。夏の高校野球で、暑さ対策というのが喫緊の課題になっていますからね。

　なので、この大会用にそういった戦術を用いて戦ったということであれば、これはちょっと仕方がないと思います。ただ実際に試合を見ていて、得点したのも相手のエラーにつけ込んだりとか、そんな形だったんです。積極的に打っていって、チャンスをつくっているわけじゃない。「世界に向けて」という部分で、どうなんだろうな？という気持ちは正直ありました。

　もう一つ僕が気になっているのは、2024年の春から、高校野球で使用するバットが変わったんです。「低反発」といって、導入した意図は、飛びすぎるバットによるピッチャーライナーなどでの事故を防ぐため、反発係数の少ないバットを使いましょうということなんですけど、これを僕はすごく懸念しているんです。また「スモールベースボール」に戻っちゃうんじゃないか、と。

実際にバットが変わってからホームランが減ったのは事実です。そしたら、点を取るためにバントを多用しよう、勝つためにはスモールベースボールだ、という意見が出てきますよね。いや、ちょっと待てよ、と。そうなると、今の高校生の年代の選手たちが、打者として脂が乗った時期に、パワーで世界に劣る可能性が出てくるんですよ。それは長い目で見たら、果たして日本の野球界のためになるのか。しっかり考えなくてはいけないと思うんです。

廣瀬　それはかなりドラスティックな変更ですね。今後、どういう方向に向かいそうなんですか？

宮本　一昨年、大谷翔平の母校の花巻東高校に、佐々木麟太郎（現スタンフォード大学）という注目のバッターがいたんです。高校通算ホームラン140本という新記録をつくって話題になりました。100kgを超える体格の子で、この選手も『アンダー18』の代表には選ばれませんでした。

ドラフトで指名候補だったんですけど、アメリカの大学への進学を希望しているということで、日本のプロ野球は獲得できませんでした。それで卒業後に渡米したんですけど、僕はこの佐々木君みたいな子がこれから活躍することで、「やっぱりこっち（米国型のパワーベースボール）のほうがいいんだよ」という価値観が日本にも確立されたらいいなと思っているんですよ。

僕自身はどちらかというとスモールベースボール型の選手だったので、僕が言うと、結構みんなびっくりしますけどね（笑）。

宮本　確かにそう思います。意外な言葉ですね。

廣瀬　常に自分を否定しながらやっているんで（笑）。

宮本　それはまた（笑）。でも、そこには当然、宮本さんなりのお考えがあるんですよね。

廣瀬　僕はもう、これからの日本の野球選手は、できるだけフィジカルを頑張ることが必要なんだと考えています。そうやってパワーを追求していったとしても、「日本の良さ」というものがまったくなくなるということは、おそらくないんじゃないかと思うんです。もともと根づいているものがありますからね。

でも日本人って、ここがあまりよくないところだなと思っているんですけども、最初から決めつけてしまう傾向があるでしょう。「アメリカ人はもともとすごいんだ。絶対に追いつかない」と。そうやって野球でも、固定観念を持ってしまっているんです。身長が190㎝以上ある大谷は「あの体格があったからだ」と言われますけど、じゃあ吉田正尚《まさたか》（ボストン・レッドソックス）を見てください。身長173㎝ですからね。上背だけなら僕と変わらないですよ。「ちっちゃい選手は通用しない」みたいなことを言われていましたけど、身体のいろんな部分を鍛えていけば、メジャーでもバリバリやれるということを吉田は証明していますよね。

ピッチャーでも、山本由伸（ロサンゼルス・ドジャース）は、身長170㎝台で、日本人の投手の中でも小柄なほうです。彼もやっぱりフィジカルを、向こうの選手に負けないように頑張ることで、十分通用していますからね。

野球の場合は道具があるので、これを使って、いかに力を伝達するかのスポーツなんです。だけど日本人というのはちょっと勘違いしていて、技術ばかりで対抗しようとするんですよ。そうじゃなくて、やっぱりフィジカルでどれだけ追いつけるかを考えるべきでしょう。昔なら、身長190㎝体重110㎏なんてサイズの日本人は、いたとしても、全然動けない選手だったと思います。でも今は、大谷みたいな選手が出てきていますからね。ということは、これからも出てくる可能性があるんですよ。

にもかかわらず、日本の野球界はいまだにウェイトトレーニング反対論者がいるんですから（笑）。いつの時代だよ、って。もうそういう過去の間違った常識を取っ払っていかないと。これからは、フィジカルをどれだけメジャーの一流クラスに近づけられるかの勝負です。それができたら、日本の良さはあるんで、十分世界と戦えると僕は思います。

廣瀬　その発想は興味深いですね。ラグビーに置き換えても、もし日本代表が日本人だけで編成されていたとしたら、「フィジカルだけめっちゃやれ」という話になるかもしれないです。だって、技術はすでに持っているんですから。

今の宮本さんのお話を聞いていて、たぶんラグビーは、チーム編成が多国籍で、外国籍選手もいるから、だからこそ「日本らしさってなんだろう？」みたいな取り組みをしないといけないのかなと思いました。でも、どれだけ日本がフィジカルだけやっていても、そこでのメンバー構成によって、日本らしさは残るという。それはあるな、と。そういう意味では、ラグビーって結構特殊なのかもしれないですね。

ウェイトトレーニングの重要性

宮本　僕はこれからの時代、野球選手も上を目指したい、「将来メジャーに行ってやるんだ」というような目標があるのなら、ラグビーみたいな「ハードワーク」というのが必要になってくると思っています。とくにフィジカルの部分については、「体を変える」くらいの気持ちでやらなきゃダメでしょうね。

その部分については、間違いなく、ラグビーの選手のほうが意識が高いはずですよ。だってタックル一本で、ヘタをしたら死ぬ可能性もあるわけじゃないですか。そういう恐怖に対して、勇気を持って立ち向かっていくためには、まずは自分の体を守るために、きちんとトレーニングで鍛えて、フィジカルの強さを身につけることが絶対に必要になってきますよね。そこら辺の背丈だけそこそこあるような野球選手が、ラグビー選手にドーンと当たったら、吹っ飛ばされて大ケガしちゃうでしょう。

廣瀬　それはたしかに。もともとがそういうボディコンタクトを前提にして体をつくっていますから。

宮本　野球の場合、道具をうまく扱えたら、それでごまかせる可能性があるんですよ。そうなるとどうしても、フィジカルという部分で、意識が薄い選手が多くなってしまうのかもしれません。

ただ、野球って無差別級のスポーツなので、身長2ｍも160㎝も、同じ土俵で戦わないといけないわけですから。そしたらやっぱり、体を強くしたり大きくする作業というのは絶対に必要なんです。それがちゃんと理解できていない。そういうところは、ラグビーの選手たちは意識レベルが高いでしょう。

廣瀬　そこはまあ競技特性じゃないですかね。僕はもう今、本気のラグビーできないですもん。怖いですよ、ちゃんと準備できないと。僕らでも大ケガすると思います。フィジカルを鍛えないとやれないスポーツであることは間違いないです。

宮本　メジャーリーグでやっている大谷や吉田正尚は、「レベルの高い世界で野球をするために何が一番大事ですか？」と質問されたら、「バットを振ることよりも、まず基本的なフィジカルだ」と、2人ともそうはっきり答えるみたいですよ。体が大きくなって、フィジカルが強くなっていけば、スイングスピード、ヘッドスピードも上がってくる。そこで初めて、メジャーのピッチャーの速くて力のあるボールに立ち向かえるわけじゃないですか。彼らは、それを実体験でわかっているんです。

でもみんな、やっぱりウェイトトレーニングみたいなしんどいことはなるべくやりたくない。バットを振ってるほうが楽しいですから。同じしんどい中でも、ボールを打っていたほうが野球をしている実感があるから、そっちに走ってしまうんですけどね。だけど、それだけじゃスイングスピードなんて、ある程度のところまでいったら、もうそれ以上は上がらないですから。そこから先は、フィジカルを上げていくしかないんですよ。

あのレベルの選手になってくると、みんな「アイツらだから」という言葉で逃げちゃうんですけど、それを言った時点で、もう可能性がなくなっちゃうんです。「大谷だから」じゃなくて、「じゃあ俺も大谷ぐらいの体になったら、大谷のようなバッティングができるかもしれない」と考えたほうがいいと思いますけどね。

廣瀬　ピッチャーのほうも、そういう感じですか？

宮本　ピッチャーでも、向こうで長くやっている選手は、日本にいたときとは体つきが変わっている人が多いですよね。大谷が一昨年、「トミー・ジョン」という肘の靭帯《じんたい》の再建手術をやって、これが2回目なんです。ダルビッシュも過去にそれを経験しているのですが、彼らは復帰してきたとき、体がひと回りデカくなっていましたから。リハビリ期間が1年以上あって、その間、投げられない分、トレーニングに時間を費やしていたんでしょうね。

また野手の話に戻ってしまいますが、カブスの鈴木誠也がオフに帰国したときに、イベントで会っていろいろ聞くことができたのですが、「日本にいたときより、かなりデカくなってるよな？」と聞いたら、「足をケガして休んでいたときに、徹底的にトレーニングをやりました」と言っていました。

日本から向こうに行ったとき、メジャーの選手たちとプレーして、「これじゃ話にならん」とパワーの差を痛感したらしいんです。それでケガをしたとき、試合に出られないから、ひたすらウェイトトレーニングをやっていたそうです。ケガした箇所以外は元気ですから、毎日、体の〝裏表裏表〟ってメニューを組んで。うちの息子もちょうどケガしていた時期だったので、「誠也はこうだったんだぞ」と話したら、一生懸命やってましたけどね（笑）。

廣瀬　うんうん。

宮本　ケガをしたときには、それが肘や肩の上半身なのか、あるいは下半身なのか、どちらかはトレーニングできないじゃないですか。そのときに、バランスを考えてトレーニングの量を減らしている選手が、プロで良い選手になったのを、「俺は見たことがない」と彼は言ってました。そこで目一杯、痛くない箇所を鍛えることによって、もしバランスが悪くなったら、今度は弱いほうを鍛えていくことで、強くなった箇所に追いついていけば、全体がどんどん強くなっていく。これが彼の考える「良い選手」ということなのでしょう。

廣瀬　確かにメジャーリーグの選手、たまにテレビなんかで見ますけど、ラグビー選手とはまた違ったサイズ感がありますもんね。そうやってつくり上げているんですね。

宮本　結果的に体重がかなり増えたんですけど、それだけで全然意識が変わったと言っていましたね。

だから、ウェイト反対派の人が、よく「じゃあライオンがウェイトしますか？」とか言うじゃないですか。でも、ライオンだってウェイトをする知能があったら、絶対にやるはずですよ。だってライオンって、群れの中で一番強いオスのところに、メスがみんな集まっていくんでしょう。そしたらトレーニングして、もっとデカくて強くなったら、もっとメスを独占できるじゃないですか。そのためだったら、やれる知能があったら絶対にやっている。知らないからやらないだけだ、と。これは僕の知人から聞いた話ですけど（笑）。

廣瀬　あはははは（笑）。おもろい話やな。

宮本　だからまあ、どのスポーツもそうだと思います。基本的にはデカいヤツが有利なんです。デカくなったほうがいいんですよ。

廣瀬　なるほどなぁ（笑）。

理想的な選手の育成

宮本　今、僕がすごく興味を持っている選手がメジャーリーグにいて、フィラデルフィア・フィリーズにいるカイル・シュワーバーという選手なんですけど。2022年にシーズン46本打ってナショナル・リーグの本塁打王を獲って、次の年（23年）も47本です。で、この年の打率が1割9分7厘。2割に届いてないんですよ。

廣瀬　へぇー。その打率でレギュラー、大丈夫なんですか？

宮本　それがですね、出塁率、つまりフォアボールとかの出塁を含めると、3割5分近い数字になるんですよ。それで、1番バッターなんです。たぶん日本なら、廣瀬さんが思われるように、「確実性がない」とか言われて、途中でレギュラーを外されてると思います。

廣瀬　いや、そうでしょうね。

宮本　そういう選手が日本にも出てきたら、日本のプロ野球ももっと面白くなるんじゃないかなと思うんですけどね。

廣瀬　うんうん。面白いと思いますよ。

宮本　日本って、「ソツなくこなす」みたいなタイプが好きじゃないですか。これは野球に限らず、どのスポーツを見ていても感じることなんですが、とりあえずセンスがあって、欠点がなく、ソツなく器用にやれる選手が試合で使われやすいけど、逆に全体的なバランスは悪くても、何か一つ突出したものを持っていたら、そういう選手を代表とかにも入れて起用してみたらいいのに、と思うんですけどね。

廣瀬　まさに今、ラグビー界が、そういうことに取り組んでいるんですよ。「ビッグマン」「ファストマン」みたいな表現で、他はあかんくても、「とにかくデカい」「とにかく速い」というような選手が、きっとどこかにいるはずだ、と。そんな「一芸だけすごい選手をピックアップしよう」ということで、選手の発掘をしているんです。

宮本　それは大賛成です。そういう選手がいると、いろんなタイプの相手に対応ができますもんね。

廣瀬　絶対大事ですよね。へぇー、野球界もそういう方向に向かっているんですね。

宮本　いや、日本の野球界ではまだまだ、現実的には難しいです。

　プロ野球という枠で一つ考えられるのは、今は育成選手制度があります。それを使うことですね。よく現場のスカウトと話すことがあるんですよ。僕は「育成枠で、打つだけの選手を獲れよ」と言うんです。「この選手、バッティングは魅力的なんですよ。長打力もあるし。バットに当たれば、ですけど」というのが、毎年必ずいます。「でも守備がなぁ」とか「足が遅いんですよ」とか言うけど、それが全部整っている選手なら、正規のドラフトで指名されるわけじゃないですか。だから「育成」なんですよ。

　まして今は、外国人の良さそうな選手がなかなか獲れない時代になっているんで、じゃあ彼らを外国人と見立てて育てればいいじゃないですか。だって日本に来る外国人選手で、守備のうまいヤツなんてほぼいないんですよ。それでも試合で使うわけでしょう。それはホームランを30発以上打つ魅力があるからですよ。それができる可能性のある選手が、もしかしたら日本人にもいるかもしれない。それをドラフト1位で契約金1億円払って獲るなら絶対に育てなきゃいけないけど、育成なら外れてもチームは痛くも痒《かゆ》くもないし、言い方は冷たいけど、0か100かで、3年やって芽が出なかったら戦力外で、また次を獲ってきたらいい。そうやって循環しているうちに、大当たりが出てくるかもしれないでしょう。

本来、育成とか三軍は、そういう選手を育てる場所だと僕は思っているんですけどね。

廣瀬　「育成選手」って、今、すごく増えていますよね。

宮本　ただ、退任された阪神の岡田彰布監督も言っていましたけど、プロが育成でどんどん獲っていくことで、アマチュアのレベルが落ちてしまう、と。それは確かにそうだと思うんです。彼らは育成に来なければ、大学や社会人でプレーしている選手たちですから。だから野球界全体のことを考えたら、僕もすごく葛藤がありますよ。

僕個人としては、あまり賛成はできません。とくに高校生の場合、その子の人生を考えたら、ドラフト上位で指名されるような選手以外は、まず大学で4年やったほうがいいと思います。でも、それも本人の考え方次第ですからね。

廣瀬　育成って、どれくらい条件が違うものなんですか？

宮本　それはもう、お金も条件もまったく違います。だから指名して、入団交渉のときに、ちゃんと「育成選手っていうのは、こういうことですよ」というのはきちんと説明せなあかんでしょうね。選手会に入れませんよ、3年経ったらリリースされますよ、可能性があれば再契約でもう1年とかありますけど、と。僕もアマチュアの選手に相談されたときには、「(育成は) プロのユニフォームを着たアマチュア選手だからね」ということははっきり言うようにしています。みんな、「プロ野球選手になれるんだ」と思っているんで。それは教えないといけない。

廣瀬　育成出身でスターになった選手もいるみたいですけど、その確率はかなり低いということなんですね。

宮本　そうです。話を日本代表に戻すと、そういう選手をピックアップして育成していくためには、各カテゴリーごとの連携が必要になってきますよね。ラグビーには、そういうシステムはあるんですか？

廣瀬　本来はそうあるべきですよね。ないことはないですが、十分ではありません。「一本の柱でやっていこう」というビジョンは、ラグビー協会としても描いているはずです。

宮本　今、エディー・ジョーンズさんが監督（ヘッドコーチ）なら、エディーさんが打ち出した方向性に合わせて、選手を発掘、育成していくというのが理想だし、それが本来の「強化」ですからね。

廣瀬　ラグビーで言うと、そのトップはたぶん代表の監督ではない気がします。もう一個上の、マネージャークラスの人が全体の指針を出して、それに応じて監督が決めていくということになると思います。組織図的には代表監督もラグビー協会の中にいるわけなので、その監督のいる部署の上にゼネラル・マネージャー、ラグビーの場合は「ダイレクター・オブ・ラグビー」みたいな名前がついたりすることが多いですけど、そういう役職の人がいて、全体を統括して見ていくことになるんでしょうね。

それがきちんとできていれば、監督が替わったとしても、日本ラグビー協会が持っている「こういうラグビーを目指している」という方向性はブレることはないですからね。あくまで理想論ではありますけど。

宮本　野球もそういう組織にしたほうが絶対にいいんですよ。だから、侍ジャパンもGM的なポジションをつくって、しかるべき方が就いて、その方を中心に各カテゴリーのチームを同じ方向性で統括していくのがベストだと思います。

代表の強化って、年代ごと積み上げていかなきゃ意味がないじゃないですか。それが監督によって野球がコロコロ変わるんだったら、たとえば『アンダー12』『アンダー15』と代表に入っていた子が、「今度は違う野球をやるからキミはいらないから」って、『アンダー18』では外されてしまうというのは、僕はちょっと不自然に感じるんですよね。

変化することが悪いとは言ってないですよ。野球の理論もそうだし、ラグビーのルールもそうですけど、時代に沿っていろいろ変わっていくじゃないですか。それに対して、トップが「じゃあ世界がこうなっているから、日本もこういうふうに変えたほうがいいんじゃないか」という方針を出せばいいんですよ。

廣瀬　ラグビーにおけるラグビー協会は、野球ではどんな組織になるんですか？

宮本　野球はNPB（日本野球機構）ということになりますね。でも、じゃあNPBが代表の井端監督に対して強化の方向性を出しているなんてことはないですから。栗山監督のときだって、栗山さんがアメリカに出向いて、大谷やダルビッシュに参加を打診しているはずですから。

廣瀬　そこ（NPB）にいらっしゃるのは、皆さん、プロパーの方ですか？　それとも、プレーヤー出身の方ですか？

宮本　野球経験に関してはわかりませんが、基本的にはプロパーの方たちです。各球団のフロントから派遣されていたり。やっぱり両方いるのが理想ですよね。選手経験者と、別の業界から入ってこられた事務的な仕事のできる人と。どうしても経営的な部分になると、細かいお金の動きなんかも出てくるので、野球だけやってきた人間では限界がありますからね。だから、いろんな人材が集まった組織がいいんじゃないかと思うんです。

今、アナリスト部門とかでも、野球の外の世界から来た人が、野球界のいろんな場所で増えてきているんです。そういう人に、「じゃあ何かデータを出して」と言ったときに、意外と面白いデータを出してくることがあるんですよ。逆に野球経験者って、固定観念みたいなものが邪魔して、当たり前なデータしか出てこなかったりするんです。経験者だと「当たり前」と思って見過ごしがちなポイントを、知らないから逆に着目できることって、どの世界でもあるでしょう。そういうのをうまく現場の人が受け入れると、相乗効果で、より良いものが生まれてくるかもしれないじゃないですか。

ただ、これがまた野球人の良くないところなんですけど、「お前、野球やったこともないくせに、何がわかるの？」みたいな、変なプライドなのか、心の狭いことを言ったりするんですよ。だから組織がうまくいかないんだろうなぁ、と。その辺がうまく調整できるような人が上に立てば、良くなると思いますけどね。

廣瀬　うんうんうん。すごくわかります。

宮本　ラグビーは、そういうことを両方できそうな人材が結構いそうなイメージがありますけどね。それこそ廣瀬さんのような人が、そういうポジションに就いたらいいのにと思いますけど。

廣瀬　僕はまあどうなのかわからないですけども、確かに現場も知っていて、ビジネス感覚も持っている人は、いたら絶対に貴重ですよね。海外のラグビー界でも、オーストラリアとかニュージーランドのような強豪国には、そういうシステムがあるはずです。あと、僕が知る限りでは、アルゼンチンにもそういう人がいましたね。元代表選手で、でも、協会の中に入って、その国のラグビー界の中枢で仕事をしているという。

そういう国は、「選手会」のような組織もすごくしっかりしています。でもそれは「労働組合」的な色合いが強いわけでもなくて、健全にというか、紳士的な活動をしているみたいです。

宮本　それは羨《うらや》ましいですね。若い選手はプロ野球選手会から平気で脱退しますから。でもね、フリーエージェントとかポスティングとか、キミらが今、行使している権利は、選手会が機構と話し合って、勝ち取って、整備してきた権利なんだよ、と言いたいくらいです。僕はもう選手じゃないからいいんですけどね（笑）。

第6章

令和の指導論

２０１９年のシーズン限りで、２年間務めたヤクルトスワローズのヘッドコーチを退任した宮本慎也。野球解説者として活動する傍ら、いち早く学生野球資格を回復し、東都大学野球リーグの東洋大学を皮切りに、大学や社会人のチームを臨時コーチとして指導することになった。２０２２年春からは、東海大菅生高校でも臨時コーチに就任。元プロ野球経験者でありながら、アマチュアのあらゆるカテゴリーの野球チームで指導を経験するという、異色のキャリアを構築している。

一方、廣瀬俊朗は２０１６年3月に現役引退。翌シーズンから2年間、東芝のバックスコーチを務めた。２０１９年に東芝を退社した後は、株式会社ＨｉＲＡＫＵを設立し、ニュースコメンテーターやドラマ出演など、活動のフィールドをラグビー以来にも広げている。その間も、ラグビーワールドカップ２０１９アンバサダーや、日本車いすラグビー連盟の副理事長など、側面からラグビーの普及活動に尽力してきた。また、高校生のスポーツチームのキャプテンを相手にリーダーシップに関する講義を行うなど、幅広い視点からスポーツとリーダーの役割を考える活動に取り組んでいる。

現在、多くの指導者が直面している課題。「令和の指導論」について、２人はどんな意見を持っているのだろうか。

桐生第一高校での新たな試み

廣瀬　宮本さんは今、どちらかでご指導をなさることはあるんですか？

宮本　ありますよ。今は小学生をあまり教えることはないんですけど、中学、高校、大学、社会人野球と、臨時コーチのような形で、1チームずつ携わっています。野球教室などに呼んでいただいたら、スケジュールが合えば行かせてもらっています。

でも、コーチでがっつり行くチームであれば、いろいろ厳しいことも言ったりしますけど、野球教室はそこまで踏み込んで何かを教えたりする必要もないので、本当に基本的なことだけ話すようにしています。たとえばちゃんと挨拶をしない子には、「おい。『お願いします』は？」とか、そういうのは言ったりはしますよ。でも、そんな小言みたいに、ああだこうだ細かいことを言ったりしたら、野球を嫌いになっちゃうでしょう。

廣瀬　でも、宮本さんに言われるのなら、子どもたちもそんなにイヤじゃないんじゃないですか。各カテゴリーで1チームずつというのは、いろんなご配慮からだと思うんですけど、すごく本気で教えられている感じがします。

宮本　社会人は京都にある日本新薬。大学が東洋大学。でも大学のほうは監督が替わってしまったんで、最近はまったく行けていないんですけどね。で、高校は息子が通っている東海大菅生高校ですが、息子の夏が終わって辞めました。中学校が東練馬シニアという、やっぱり息子がお世話になっていたチームで。

廣瀬　そんなにいろんな世代を教えられてる方って、他にもいらっしゃるんですか？

宮本　いないでしょうね。

廣瀬　ですよね。すごいなぁ。

宮本　中学も高校も息子がお世話なって声をかけていただいたので。シニアのほうは、卒業してからもまだ残ってお手伝いしています。大学は、高校の先輩がそこのOBで「ちょっと行ってくれないか」と。ほんで社会人野球は、監督が僕の大学のときの後輩にあたり、「来てもらえませんか」と。

廣瀬　後輩に頼まれたんですか。

宮本　そうです。僕が4年生のときの1年生ですね。2019年の秋、ちょうどヤクルトのヘッドコーチを辞めたときに、その後輩が監督に就任したんです。それで、すぐに電話がかかってきて、「時間空いてますよね」って。そりゃ空いてますけど。失業したんですから（笑）。

廣瀬　あははは（笑）。

宮本　だから、「いいよ。お前がやるんやったら、手伝うよ」って。

廣瀬　いいですね、そういう上下関係。そんなふうに後輩から頼まれるなんて、やっぱり嬉しいですよね。

宮本　後輩から言われるというのは、なんとも。先輩よりも、なんか断りにくいじゃないですか（笑）。

廣瀬　確かに（笑）。

宮本　廣瀬さんは今、指導は？

廣瀬　僕はどこかのチームにずっと携わるというのはなくて、スポットで、「ラグビー教室」みたいなものがメインですね。自分の意識としては、技術を教えるというよりも、「楽しくやって、スポーツを好きになってほしい」というところからスタートしているので、それをラグビーの教材にして実践している感じですね。

あとは、群馬県の桐生第一高校という、ラグビー部は２０１８年に花園に初出場を果たした学校なんですけど、そちらのサポートをしています。

宮本　それはどんなご縁で？

廣瀬　監督が僕と同い歳で、埼玉パナソニックワイルドナイツでキャプテンをしていて、日本代表の経験もある霜村誠一というヤツなんですけど。現役の最後のほうにトップリーグでプレーしながら桐生第一で保健体育の先生になって、監督に就任したという面白いキャリアの男なんです。彼から依頼がありまして。「外の血を入れてチームを活性化したい」というお話だったんで、それなら自分にもできるかと思って。

宮本　現役をやりながら高校の監督って、すごいですね。

廣瀬　そうなんですよ。それでまあ声をかけられまして、今はラグビー部だけじゃなく、いろんなスポーツの部のキャプテンたちを集めて、「リーダーシップ」について、ミーティングなどを用いていろいろ話を聞いて、一緒に解決策を考えていくことを定期的にやっているんです。

　そこではラグビーとかスポーツを教えるのではなくて、「どうチームをつくっていこうか」とか「どんなチームになりたいの？」とか、そういう話が中心になりますね。たとえば野球部のキャプテンなら、それこそ「甲子園に出たい。どうしたら出られるのか」と。桐生第一は2023年の夏、県の決勝戦で負けてしまったんです。この試合、9回まで勝っていたのに、最後に逆転されてサヨナラ負けだったんですね。それで彼らには、試合前後の心の動きを振り返りながら、「最終的にどんな姿になりたい」みたいなことを考えてもらったり。

そうやっていろんな部の枠を越えて、今、話し合いをしてるところなんです。ラグビー、野球、バスケ、サッカー……。

宮本　あ、いろんな部活動の。

廣瀬　はい。同じ学校なのに、種目が違うと、意外と横のつながりがないんですよ。みんなキャプテンとして悩んでるんですけど、「俺らの悩みは俺らの悩みだ」という感じで、他と共有する機会がない。ラグビー部のキャプテンがサッカー部のキャプテンに相談することって、ないんですよ。僕は「そういうのは外に出して、意見を聞いたりしたほうがええんちゃうか」という考え方なんで、霜村先生から依頼を受けて、今、そういう場をつくってるんです。結構面白いですよ。

宮本　それはなかなか斬新だな。どこの学校でも、ありそうでないですよね。

廣瀬　そうでしょう。学校って先生同士でも、仲がいい人なら話をするけど、基本的には秘密主義というか、あまりよその部活の先生とは話をしない文化がある場所なんで。そういうところでも、何か横のつながりができたらいいのかなと思って。

宮本　なるほどなぁ。それは面白い試みですね。

廣瀬　高校野球って最後の大会の時期が早いから、チームが次の代に切り替わるのも、他の競技に比べて前になるじゃないですか。そういうところでも、「あ、このタイミングでこうやって3年生が終わってしまうんや」と、ラグビー部やサッカー部のキャプテンが、すごく身近に感じられるみたいで。他の競技の選手の引退とかを目の当たりに見るっていうのも、刺激としてすごくいいことかもしれないと思うんです。

宮本　あぁー。それはいいなぁ。

廣瀬　はい。だから結構発見がありますよ。みんなそれぞれ違うんです。やっぱり野球は練習時間が長かったり、わりと個々でやってたりしますけど、ラグビーだったら「もうちょっとみんなでやろう」となるし。陸上は、そもそも練習内容が違うから、どうチームをつくっていったらいいかも全然違ったりしますからね。そうやって他の部のことを知る中で、自分たちの良さとか、特徴ってなんだろう？　みたいなことに気づいてくれたらいいいんですけどね。

宮本　それは絶対、先々に役立つことじゃないかな。

廣瀬　まさに、僕はそう思っていて。社会に出て行くときにね。なので、そういう体験ができたらいいなと思うので、今、やってます。すごく面白いですね。

宮本　スポーツによって違いとか、やっぱりありますか？

廣瀬　あぁ、もう全然違いますよね。人数も違いますし。あとはそれぞれのスポーツの競技特性というのがあるので。それこそ野球は監督も同じユニフォームを着てるし、逐一指示を出せるスポーツですけど、ラグビーは試合が始まってしまえば、監督が確かにベンチで選手の近くにはいますけど、試合を止めて何か指示を出すということはできないし、「済んだらもうしょうがない」みたいなところがあるんです。

そういう特性の違いによって、特徴もブレてくるなと実感しますね。だからこそ、そこがすごく面白いところなんです。

宮本　桐生第一って、いろんな種目で全般的に強い学校ですもんね。野球部が息子の学校と練習試合したことがあったけど、施設も素晴らしいですからね。各部でいろんなノウハウがあるはずだから、それをそこだけで終わらせたらもったいないですもんね。共有できることはあるはずだから。

廣瀬　そうですね。すごく頑張っている学校だと思います。スポーツを通して人材育成を、本気でやろうとしていますから。そういう点でも、すごく面白さを感じながらやっているところですね。

「普及」させることの難しさ

宮本　廣瀬さんのそのキャプテンのミーティングにもつながってくるかもしれませんけど、僕らのような立場の人間の役割というか、現場での指導の機会って、「普及」と「強化」の2つに分けられると思うんです。強化って、まあどこに行ってもやることは決まっていますけど、普及って、これが意外と難しいんですよ。具体的にどんなことをしてあげたらいいのか、僕にはちょっとまだ見えてない部分がありますね。

たとえば子どもの野球教室にしても、一日だけ行くということになると、教えるのも、がっつりとは言えないんですよ。そこで言うだけ言っても、その後、効果があったかどうかを見てあげられないんですから。だから本当に、今、廣瀬さんがおっしゃったような、「楽しくできるように」ということで、ちょっとゲーム性をつけて何かをやらせてみたりだとか。

廣瀬　やっぱりそうなりますよね。よくわかります。

宮本　現役を引退した後、４年間ぐらいですけど、品川区の幼稚園を回ったことがあったんです。そのときはスポンジのボールとバットを持っていって、とにかく打ってみること。フライがどうのこうのとかは関係なく、打ったら走る、捕ったら投げる、という形式でやったんです。そうやって、みんなに楽しんでもらわないといけないじゃないですか。

技術指導というのは、やるにしても本当に基本中の基本。「これはどこに行っても一緒だろう」みたいなことを言うだけですね。キャッチボールぐらいしか、ちゃんと教えられないのが正直なところです。だからその企画自体も、その子たちがその先どうしているのかも情報が入ってこないので、失敗も成功も、そこはあんまりわかりません。

ただ、今はもう小学校に入ったらスポーツ（種目）を決めちゃう子が多いじゃないですか。だから技術指導よりも、まずそこから野球に興味を持ってもらうことを最優先に考えて。そういう意味では、まあまあ良かったのかなとは思いますけどね。

でも、どこの幼稚園にも、サッカーがもう行ってるんですよね。

廣瀬　はいはいはい（笑）。

宮本　普及という意味でそういうことをやっていかなくてはいけないと思って、いろんな方にお話をして、手伝っていただいて、やり始めたんです。そのときに幼稚園のほうは、参加するのは子どもだけ。「父兄はちょっと」みたいなことを言われたんですよ。それは違うと思って、「親を呼んでください」とお願いしたんです。だって、幼稚園の子どもたちは僕らのことなんか知らないじゃないですか。でも、親は僕ら世代だから、そこを引き込みたかったんです。

ほんで、親が「あ、楽しそうにやってるな」と思って、そこから野球のほうに前向きになってくれればいいなぁ、ということでやっていたんですけどね。そしたら、コロナが始まっちゃって、続けられなくなってしまって。それがなかったら今も継続していろんな幼稚園に通って、その子たちが小学生になって「野球を始めた」みたいな情報が入ってきたら、多少効果があったんだなと思えるんですけどね。よくわからずじまいになっちゃったのは悔やまれますね。

廣瀬　でも、方向性としては間違っていないんじゃないですかね。やっぱり子どもは楽しむことが必要ですよ。とくに幼稚園とかだったら、もしラグビーであれば、競技やルールがどうこうよりも、まずはあのボールに触れてもらえたらいいと思うんですよ。ラグビーのボールって、楕円形で、見た目からしてユニークじゃないですか。それで投げたり、バウンドしたらあっち行ったり、こっち行ったりという。これがスタートで、ボールに馴染んでもらって。

だから僕も、「ラグビー教室」とかでちっちゃい子のところに行くときには、できるだけボールは一人1個、用意したいんです。人数が多くなるとなかなか難しいんですけど、それは目指したいな。そうすると、みんな勝手に遊びだすんですよ。それがすごくいいなぁと思って。そこから入って、ゲームみたいにして、「好きなだけ走っていいよ」と言ってあげたら、わりと楽しそうにしているんです。だからこちらも、そういう状況をつくってあげられるように。「楽しい」と感じてくれたらいいかなと思って。

あとは、基本的に「ナイスプレー」とか「ナイスラン」みたいな感じで、褒めてあげることかな。あんまり「ちゃんとやれ」とか「こういうふうにしなさい」というのは、僕は言わないようにしています。良かったことをただ言うだけ。宮本さんもおっしゃったけど、いくら細かいことを言っても、指導が単発なんで。

宮本　やっぱり言葉の掛け方は大事ですよね。

廣瀬　うん。そう思います。何かこう、常に前向きになってくれるような言葉がけをしてあげたいんですけどね。

　あとは、これも宮本さんと同じ意見で、「親がポイント」って、まさにその通りだなと思います。子どもをその場所に連れてくるのは、最終的には親の判断ですから。だから親も「あぁ、良かったね」と思うような、そういう時間を設けることができるかどうか。それがすごく大事な視点だと思いますね。

宮本　サッカーがもうずっと、そういう普及活動をすごく熱心にやっていますよね。小学校とかも回ったりして。やっぱり競技人口に反映していますよね。もともと野球やラグビーよりもルールが簡単ですからね。オフサイドさえ取られなかったら、子どもはとにかく蹴って走ったらいいんですから（笑）。そのあたりが、子どもでも入っていきやすいという有利さがあるように感じます。

廣瀬　それと、野球は道具を揃えたりするのも結構大変ですよね。

宮本　そうなんですよ。お金がかかるんで。なおかつ、ルールが難しいでしょう。昔は民放でナイターの放送をやっていたんで、なんとなく見ていても、ルールを覚えられたんですよ。それがもう今は、見ていないから、本当にわからない子が多くなりました。
衝撃的だったのが、その幼稚園に行っていたときに、「ボールを投げて」と言ったら、右投げの子が、右足を出して投げようとするんですよ。

廣瀬　え？　それ、どんな動きをするんですか？

宮本　バットを反対に握る子は昔から結構いるんですけどね。ボールを投げるときに、右足を前に出してステップしたんです。これはもう、どう教えてあげたらいいのかわかりませんでした。野球に限らず、ボールを投げる動作というのは、何も言わなくても、右投げの子は反対側の足（左足）を前に出すものですから。あれはちょっと衝撃的でしたね。

廣瀬　へぇー。それはすごいなぁ。どうしてそうなっちゃうんですか？

宮本　なんなんですかね。まず、「ボールを投げる」ということを、したことがないんでしょうね。野球だけのことで言うと、ちっちゃいときに、公園でキャッチボールも壁当てもできないという環境の問題がありますよね。まあでも、サッカーも今、禁止になっているところが多いみたいですけど。

廣瀬　あぁー、そうかそうか。

宮本　ラグビーでもまず基本として、ボールを投げて、捕るわけじゃないですか。ちっちゃい子は、昔よりも苦手な子が多くなっていませんか？

廣瀬　はい。それは感じますね。

宮本　以前、サッカーの福田正博さん（解説者）とお話しする機会があって、お聞きしたんですけど、僕が「低学年の子がフライを捕れないんですよ」と言ったら、サッカーでも小学生くらいの子たちが、ヘディングがうまくないとおっしゃってましたね。パッとヘディングしたら、「頭の横に当たる」って。だから、足を使ってドリブルさせたらガーッと行けるのに、ヘディングは変なところに飛ばしちゃう、みたいな（笑）。

空間認知能力が、今の子は低くなっていますね。たとえば木に登って、ここから飛び降りても大丈夫な高さなのか、そうじゃない高さなのか、それはやらないからわからないじゃないですか。でも今は、「危ないからやめときなさい」で終わりにしちゃうから、わかりようがない。昔の人って、学校の帰り道で、家の前にある金網の柵の上を歩いたりとか、よくしていたじゃないですか。それでバランスが取れなくなって落ちたりするんですけど、そのときに、「ここを歩いたらまずいな」というのがわかりますよね。今の子はそういう経験ができないから、そこの能力がすごく低いみたいですね。

廣瀬　その空間認知能力というのは、ラグビーでもすごく大事なんですけど、確かにそうですね。落ちてきたボールの下に入るのが不得意だったり。そこって、日常生活の中で自然と向き合えてないということの影響があると思うんですよ。公園で遊べないとか。ちょっとかわいそうな気もしますね。

宮本　都心だと、学校の校庭も人工芝ですからね。機会がないんですよ。

昔みたいに「やれ」って言うわけにはいかない

廣瀬　選手たちの年代が上がっていくにつれ、「楽しんでもらう」「競技に馴染んでもらう」という「普及」の活動から、技術面のスキルアップとか、いわゆる「強化」に目的が変わってきますよね。この「普及」から「強化」に変わるタイミングって、いつ頃になりますか？

宮本　若年層から世界のトップクラスの選手がいるフィギュアスケートみたいな種目もありますけど、一般的なスポーツ全般で考えたら、やっぱり高校くらいから本格的に体をつくったり、技術を詰め込んでいく段階に入ってくると思います。ただ野球の場合は、「甲子園」という、ものすごく大きな目標があるものですから、どうしてもそこを意識せざるをえないじゃないですか。もう中学校のときにある程度実績を残さないと、甲子園に行ける、そこで優勝を狙えるような名門校、強豪校には行けないわけです。

そうなると、中学校で教えるときなんかは、「強化」というところでは、フィジカルの部分を意識してやらせていますね。

廣瀬　技術よりもフィジカルのほうを重視しておられるんですか。

宮本　はい。僕は臨時コーチという立場で、毎日グラウンドに行けるわけではないし、ベンチに入ってがっつり指導するというわけでもないので、そうすると、どうしても技術の指導に走りがちになるじゃないですか。技術ももちろん大事なんですけど、その技術を上げるためには、絶対にフィジカルは必要ですから。

打ったり守ったりするのは技術なんだけど、いざ試合になったら、最後は体力勝負なんですよ。そこを減らして技術ばかりということにならないように、監督さんとかコーチの方と、「もうちょっと走らせたほうがいい」とか「体幹トレーニングをやらせたほうがいいよ」とか、いろいろ意見は言いますね。

体力強化というのは、その年代に合わせて絶対やらないといけないですよね。今も中学生はランニングの量は結構多いですけど、本格的なウェイトトレーニングとかをやらせているわけではないんですよ。ただ、自分の体重が負荷になるような「自重《じじゅう》トレーニング」を入れています。体幹なんかはかなり変わってきますから。

廣瀬　ラグビーでも、今は指導者もそういうことを言いにくいし、やらせちゃいけない空気になっていますけど、意外と大事だったりするんですよね。

宮本　僕はそもそも、野球選手というのは、「アスリート」というよりも「技術屋さん」じゃないかと思っているんですよ。歳が上に行けば行くほど、その要素が強くなってくる。

廣瀬　「技術屋さん」か。うまい表現ですね(笑)。確かにそうですよね。

宮本　でも時代が変わってきているのは、プロ野球選手でも、昔は「技術屋さん」だったのが、もう今は「アスリート」になっているんです。食べるものもそうだし、サプリメントもそうだし、体はこうやって鍛えて、その鍛えた体をこうやって使って、ケアはこうして、という感じで思考がもう完全にアスリートになってきていますよね。

廣瀬　そうですね。それだけにまた指導する人たちも、「俺のときはこうだった」ではなくて、知識を持って、伝えて、理解させなきゃいけない時代なんですよね。

宮本　だから、どこか痛くなったり、体に違和感があったりしたら、「すぐに言え」と言っています。最近は腰椎分離症になる子が多いんで、それは気をつけていますね。
　なかにはそれをサボりで使う子もいるんでしょうけど、そこは一応信じてあげます(笑)。そんなことしても、本人が損するだけなんで。それはもうしょうがないと思ってます。昔みたいに「やれ」って言うわけにはいかない時代ですからね。
　ただ、高校くらいになると、そこのチームのスタイルがあるから、また難しいんです。それと高校生の場合は、「我慢してやる」ということをしちゃうんです。「それだけは絶対にダメだぞ」と話をしていますけど。
廣瀬　そこなんですよ。勝手な思い込みかもしれませんが、野球選手って、そういうところで自己主張することがちょっと苦手というイメージがあるんです。それをきちんと言ってこられるようになったら、絶対にいいと思いますけどね。
宮本　普段から話して意識づけしていくしかないです。痛いのを我慢してやっていて、長引かせちゃった子がいたんですよ。みんなの前で言いました。
「ほら、見てみろ。痛くなったとき、すぐに言ってたら、3日ぐらいで治って今日も元気に練習ができてたかもしれない。でも、こうなっちゃったら、治るのに1週間以上かかるぞ。10日休んだら、取り戻すのは2週間以上かかっちゃうだろ。ものすごく大変だぞ。だからおかしいと思ったときには、ちょっと勇気出して言えよ」って。それで、「監督は怖いから、監督に言えないんだったら、こっそり俺に言ってこい」って（笑）。

廣瀬　うまいなぁ（笑）。そういう関わり方なんですね。なかなかね、監督には言いにくいものですからね。「外されたらどうしよう」とか考えてしまうし。

宮本　それでみんな我慢してやっちゃうんですよね、とくに高校生は。

でも、高校生ってまだ体の成長が終わってないじゃないですか。今、プロ野球とかでも、入団した選手はメディカルチェックを受けて、それこそ骨の中まできちんと調べるんですよ。そうすると、骨端線が閉じていない選手もいるんです。つまり、まだ大人の骨になっていない、体の成長が終わっていないということなんです。その段階で無理をさせたら、当然故障しますよね。

佐々木朗希投手は、プロ入りしたときに、まだ骨端線が残っていたみたいなんです。あれだけのピッチャーだから、絶対に故障させるわけにはいかない。だから入団1年目は、ほとんど投げさせずにトレーニングをさせていましたからね。

廣瀬　そこは監督、コーチだけでなく、現場のトレーナーや医療チームなんかの連携が絶対不可欠ですよね。それが選手との信頼関係にもつながってくるし。

宮本　それだけ言っても、やっぱり中・高生はとくに、我慢してやる子もいるんですよ。それがないように、きちんと目を配っていなきゃいけないとは思っていますけどね。でも、一番難しいところですよ。練習やらないとうまくなんないし。

廣瀬　そうなんですよねぇ。「目的はなんなんだ?」ということになっちゃうんで。

宮本　そう。そこが一番難しい。今はプロ野球選手も、全然練習しないんですよ。させてない。とにかく「ケガをさせないように」ということでやっていますから。

だから最近の選手たちって、30歳過ぎた頃から、体が一気にガクッときちゃうヤツが多いでしょう。僕らが現役の頃は、30歳過ぎたくらいから、グワーッて脂が乗ってきて、いろんな経験も積んで、選手として本当のピーク期になっていたんですけどね。それが最近は、衰えるのが前より早いんです。ちょっと衰えてきたと思ったら、そのままどんどん落ちていっちゃう。なかには自分で考えて、個人でトレーニングをやっている選手もいて、そういう選手はやっぱり長くやれていますけど、全体的には、30歳くらいからガクッと落ちる選手が多いですね。

廣瀬　故障の蓄積とかもあるんでしょうけど、30歳で衰えてしまうのは、まだ早い気がしますけどね。

宮本　でしょう。ラグビーなんて、あれだけ消耗の激しい競技なのに、30歳過ぎても第一線でバリバリやっている選手が多いじゃないですか。あれはすごいと思いますよ。

廣瀬　ラグビーって、選手が練習中にGPSをつけたりして、「どれくらいのトレーニングをしているか」という数値を出して、そういう物理的なアプローチから、わりと疲労をコントロールできるんですよ。だから出てきた数値を見て、まだ余力があると思ったら、「もうちょっとこの選手を追い込もう」みたいなことができるんです。野球は、そういうことはされないんですか？

宮本　やらないですねぇ。野球って、練習でやることがやたら多いんですよ。野手はとくに、打つ練習もせなあかんし、守る練習もせなあかんし、走塁の練習もせなあかん。プラス、フィジカルもあるんで。しかもこれ、全部違う種目なんで。全部一個一個競技にしてもいいんじゃないの、っていうぐらいです。別競技なんで、大変なんですよ（笑）。

廣瀬　それだけあったら、練習の内容とかタイムスケジュールって、どうやって決めていくんですか？　攻撃と守備のバランスとか、ランニングの量とか。

宮本　キャンプで言うと、朝、全体でウォーミングアップの後、チーム練習と守備の練習、サインプレーとかがあります。だいたい2〜3時間。昼の休憩取ったら、2時間くらい、バッティングが入ります。それが終わった後に、個人練習。僕らが現役の頃は、夕方5時、6時くらいまでグラウンドにいましたね。

廣瀬　それからミーティングなんですよね。

宮本　はい。今はもう、ケガをさせないように、だいたい3時ぐらいには終わってますけどね。楽だと思いますよ。

　秋のキャンプなんて、僕らの頃は本当にひどかったですよ。シーズンが終わった11月くらいにやるので、翌年のシーズン開幕まで4カ月くらいあるから、「少々ケガしても大丈夫。開幕までには治るから」という感覚で練習をやらされてました。そりゃもう、むちゃくちゃな練習でしたよ。「まだ走るの？」「まだ？」「もう夜じゃん」みたいな（笑）。

　でも、本当にケガしちゃったらダメですからね。そういうのをケガせず最後まで乗りきると、やっぱり体が強くなりますよね。

廣瀬　そうでしょうね。シーズンに入ると、その練習メニューは変わってくるんですか？

宮本　シーズン中はほとんど試合前の調整だけです。試合に出ない若い選手は、早く出てきて特打とか特守とか練習してますよ。技術が足りないなら、数をやり込むしかないですから。

レギュラーの選手は、ホームチームの試合のときは、自分が好きな時間に球場に入って、バッティング練習の時間は決まってるので、それに合わせてウォーミングアップ、守備、走塁というのを、自分で時間をコントロールできますからね。とにかく試合でベストに持っていくために調整してます。今は夏なんて暑いから、「練習なし」の日とかよくありますね。メジャーリーグは移動が日本とは比べものにならないくらい大変なので、試合前はほとんどやらないチームも多いみたいです。日本でも最近、そういう選手が増えていますね。

廣瀬　毎日試合があるんですもんね。試合しながらリカバリーしてる感覚なんだろうな。

宮本　試合に出ているレギュラーはそれでいいんですけどね。補欠も一緒に休んでたら、「そりゃ、いつまで経っても差が縮まりませんよ」ということですね（笑）。

ラグビーは基本的には週末に試合が入るんですよね。コンディショニングも、野球とはまったく違ってきますよね。曜日単位で調整していくような感じですか？

廣瀬　そうですね。土曜日に試合があるとしたら、その週は日曜日に休んで、月曜日は軽めの調整。そこでチームのコンセンサスを取って、「次の試合はこういう戦いをしよう」という確認をしてから、火水木くらいまで練習のボリュームが上がる。これもまあ波があるんですけど、火曜日はいつも結構ハードになりますね。木曜日の練習が終われば大体の準備は完了している。試合前の金曜日は、試合に合わせて軽い調整をして微修正する。それで土曜日の試合に入っていく。そんな感じですかね。

宮本　むしろ試合のない時期の、合宿とかが大変なんじゃないですか（笑）。

廣瀬　合宿、きついですね。もう、ひたすらやるという、あのイヤな日々が。あははは（笑）。あれはつらいですよ。

宮本　大学のとき、ラグビー部の友だちが、いつもイヤそうに「あぁー。合宿だよ」って言ってましたもん（笑）。

廣瀬　まさにそんな感じです。「菅平、行かなあかんのか」って（笑）。日本代表のワールドカップの前の合宿も、ひたすら追い込みましたから。本当にイヤな記憶ですよ。思い出したくもない（笑）。

コンディショニングの重要性

宮本　コンディショニングの話で言うと、重要な大会の前になると、練習量を一気に上げるじゃないですか。あの追い込み練習の効果って、実際にどう思われますか？　そうやって一度コンディションを落として、大会直前になってリカバリーでちょっと楽な期間を設定して、それで本当に試合のときにまた上がるのかな？　という疑問があったんですよ。

廣瀬　あぁー、どうなんだろう。２０１５年のワールドカップのときは結構ギリギリまで、大会の開幕直前くらいまでやってましたね。最後にちょっと練習量を落としましたけど、やっぱりかなり追い込んでいました。練習の質は落とさず、時間を短くすることで量をちょっと減らして。あと、選手個々で、やる選手とやらない選手がいたなぁ。リバウンド効果、あったような、なかったような……。

宮本　野球でも、毎日試合をして長いシーズンを戦うプロ野球と違って、アマチュアの場合は、高校野球の甲子園とか、社会人野球の都市対抗とか、スポット的に大会があるじゃないですか。コーチに行っていた日本新薬で、その強化練習期間をやめたことがあったんです。その「上げて、落として」という理論に対して、首脳陣にも「ほんまに上がってくるのか?」という疑問があったみたいで、「どう思います?」と聞かれたから、「そう思うんだったら、やってみたら」と言って。

そしたらその年、うまくいったんです。予選を勝ち抜いて、都市対抗の本大会出場。「これがいいんじゃないか」ということで、その次の年もやったら、今度は予選負け。

廣瀬　えーっ。答えがわからへんようになりますね。

宮本　そうなんです。ただ、個人の体調管理の問題もそうなんですけど、野球って、体調が良かったら打てるというわけじゃないんですよ。動いているボールに対してコンタクトするからミスショットもあるし、相手投手との力関係も結果に左右しますよね。そうすると、コンディションと成績が必ずしも一致しないんです。結局、それがわかったということなんですけど。まあ2年かけて、実験しました(笑)。

廣瀬　なるほど(笑)。ラグビーは逆に、技術がなくても、体が動けばある程度やれるというところが結構あるんです。そういう意味で、コンディショニングは結構大事になってきますね。

だから、直前にある程度上げるとしても、その前にどこまで落とすかというのは、いつも悩ましいんです。本当に落としすぎたら、逆に動かないときもあったりするんで。ほどほどに落とすっていうのが、その「ほどほど」が、どこなのかわからないですから。

宮本　そう。わからないですよね。

廣瀬　はい。ただ、ラグビーはある程度オーダーメイドというか、わりと科学的にやれている気もします。コンディションのチェックを毎日するのもそうだし、体重とか体脂肪はもちろん、尿検査とか、血液とか、そういう数値を測定するんです。で、さっきも言ったＧＰＳのデータ。そこに監督の主観と、個々の選手の感覚からコンディションを見極めて、「この選手はこれくらい練習させよう」とか、「この選手は休んでいいよ」とか決めていますね。だから一人ひとりの練習量がだいぶ違うんです。

宮本　なるほどなぁ。血液検査とかって、結構正確にデータが出てきますか？

廣瀬　僕の現役時代は、血液よりも、尿検査のデータを結構見るようにしていました。体内の水分量とか。血液は、検査の頻度もそんなに多くはなかったんで、そこまできちんと見た記憶はないですね。

宮本　それ、野球でも取り入れたらいいのになぁ。そういうことがわかると、いろいろ利点があると思うんですよ。ケガをするときって、じつは疲労の蓄積が原因になっていたりするじゃないですか。そういうときに、疲労度がきちんとわかることで、「ちょっと休養させたほうがいいな」とか、判断材料になるじゃないですか。

野球は全然そういうのを活用していないんですよ。なんでも感覚で、「そろそろ疲れてきてる頃だな」と言って、練習を軽めにしたりとか。そんなもん、言ったらあんたの感覚であって、人それぞれ違うやろ、って思いますよ。

廣瀬　あははは（笑）。

宮本　それに比べたら、ラグビーは、じつはすごく科学的なことをやっているイメージがありますね。昔の「魔法の水」でしたっけ？　脳震盪《のうしんとう》起こしたらヤカンで水かけたら治っちゃうみたいな（笑）。あんなこと、今はもうやっていないでしょう。

廣瀬　そういう時代もありましたね（笑）。今はデータ活用の部分では、いろいろ進化していると思います。どんどん進化して、なおかつタイムリーにもなっているんじゃないですかね。

宮本　廣瀬さんが現役のときには、そういうデータ分析とかは、どこまで？

廣瀬　戦術面での活用も含めて、ＧＰＳもありましたし、ドローンもあったんで、それなりにはやってましたけどね。画像も使いました。ただ、結構お金がかかることなので、限界がありますよね。GPSも、昔はそんなに数がなかったんです。だからチームの中の母数ということで、5〜6人が付けて、それをサンプルにデータ化していました。
今はもう試合も練習も選手一人1台つけていて、よりパーソナルになっています。「カスタムメイド」というか、「オーダーメイド」という感じですね。それだけデータの正確性もはるかに増していると思います。

宮本　そういうコンディショニング管理は、各チーム単位から、代表チームなどのレベルまで、みんなそうやって科学的なデータに基づいてやっていらっしゃるんですか？

廣瀬　ある程度やってると思います。まだ、「ある程度」ですけどね。最近の大学ラグビーで一番優勝している帝京大学は、そうしたことに潤沢な予算を投入していて、血液検査にしても相当緻密にやっていると聞いています。大学の医学部と連携しているみたいですね。これはすごく恵まれた環境だと思いますよ。栄養面なども含めて、本格的にやればかなりお金がかかることなんで、みんなやりたくてもそう簡単に手を出せない部分でしょうから。
宮本さんが行かれている高校や大学の野球部では、そういったことは？

宮本　息子がいた東海大菅生は、さすがにそこまでやっていませんね。もともとよそと比較しても、施設面でもそこまで充実している学校ではないですから。

廣瀬　学校によってかなり違うんですか？

宮本　今、高校野球では、仙台育英（宮城）や健大高崎（群馬）などが、施設は整っていると言われていますね。スタッフも、監督・コーチの首脳陣がいて、トレーニングを管理する人がいて、ケアする人がいて、データを整理する人がいてと、もうプロの球団に近いくらいシステマティックにやっているみたいです。

廣瀬　へぇー。なんかプロ養成所みたいやな。それだけやっていたら、やっぱり中学生に人気があるんですか？

宮本　そうですね。行きたい子は多いと思います。ただ意外と、そうやって施設、環境がいいということで名前の挙がる学校からプロに入ってきた選手で、大成した選手が少ないのも事実なんですよね。

廣瀬　え、そうなんですか。なんでやろ。不思議ですね。

宮本　うーん……甲子園では優勝しているんですよ。プロに入ってくる子に関しては、ちょっと線が細い印象はありますけどね。高校時代はともかく、プロで４番を打ったり、エースになったりという感じの選手じゃないんですよ。まあこれから変わってくるかもしれないですけど。

廣瀬　ラグビー界でもそういう学校ありますよ。僕らの頃の強豪校でものちに日本代表で活躍したような選手は意外と少ないと感じる学校もありました。

宮本　野球は今、技術部分においては、ある意味平均化しています。データがすごく活用されるようになっていて、たとえばピッチャーなら、「自分がどういうタイプのピッチャーで、投げるボールにどんな特徴があって」といったことを数値化できる計測機器があるので、本人がそれを理解してトレーニングしているから、強豪校の子は球速140㎞くらいまでならみんな普通に投げますよ。だから、甲子園で優勝する、プロで活躍するというのは、そこから先の勝負になってきていますね。

僕らの頃は、何事も感覚だったんです。「こうやって投げたら速い球を投げられるんじゃないか」と、自分の頭でイメージしてやるしかない。それが今は数値化されて、「このトレーニングをして、体のここを強化したら、これだけ上がってくる」というのがわかるので、そういうことに対しては敏感にやっていると思います。体調管理とか、そういう面ではまだまだ知識が足りない気がしますけど。

廣瀬　宮本さんが高校生の頃、ＰＬ学園って、そういう施設面とか野球をする環境はどうだったんですか？

宮本　僕らの頃で、ナイター設備のある専用球場があって、しかも天然芝で、室内練習場もあって、合宿所まで全部学校の敷地内にあるなんて、他にはなかったでしょうね。

廣瀬　すごい環境ですね。確かに、そこまではなかなかないでしょう。

宮本　でも、ちょっと恥ずかしい話だけど、今、高校生を教えていますから、夏休みになると、「宿題、ちゃんと終わったのか？」とか声をかけたりするじゃないですか。いや、待てよ。そもそも僕ら、宿題ってあったっけなぁ？　って。

廣瀬　あはははは（笑）。

宮本　僕らの頃は、今みたいに土曜日は学校が休みじゃなかったでしょう。時間割は、月曜から木曜までは5時間授業で、金土が午前中の4時間授業。体育コースなので、月～木の6時間目と、金曜日の午後は時間割が体育。その「体育」の時間というのは、各部で練習するんです。先生方も、「お前らは野球しに来たんだから野球やっとけ」って。ほんで、「あとはとにかくテストで40点取れ」って言う。

いつも「プリント出すから、ちゃんと覚えてこい」って。「勉強しろ」じゃないんです。「覚えてこい」と。そういう感じだったんで、それが良いか悪いかわかりませんけど、もう完全に野球をする環境ですよね。

廣瀬　すげーなぁー。もう、世界が違う。めっちゃおもろいです（笑）。

宮本　だから、廣瀬さんのところと同じ〝学校〟と呼んだらいけないですよ。

廣瀬　いやいやいや（笑）。

宮本　PLは今、野球部は活動していないんですけど。北野高校のラグビー部も、廣瀬さんがおられた頃とはやっぱりいろいろ変わってきているんですか？

廣瀬　あぁー、そうですね。まあ僕らの頃も、あの時代なりに結構好き勝手にやらせてもらったんです。あれぐらいの感じで良かったのかなぁとは思いますけどね。

　今はもういろんな情報が、スマホとかを通じていくらでも入ってくるじゃないですか。あれぐらいデータとか映像が誰にでも手軽に見られたら、もっと自分たちでいろいろ考えてやれたやろうなぁ、なんて思うことはありますけどね。私立の強豪校などとは、情報格差みたいなものが当時は存在していた気がします。そういう変化は実感しますね。

宮本　公立高校だったら、練習時間も制約があったんでしょう？

廣瀬　そうですね、まさに。だから、そこでの工夫はすごいありましたよ。遅くまでできないし、テスト前になったら絶対に練習できないし、でも練習はやっておきたい。だけど、テストもある程度は点を取らないといけないし。そういう与えられた環境の中で、じゃあどうするんだ？　ということは考えるようになりました。それが「工夫」ということなんだと思いますけどね。どうしたってできないことは、いくらやろうとしたってできないんですから。

プロの世界での後悔

宮本　僕がヤクルトのコーチを2年やって痛感したのは、「情熱さえ持っていれば必ず伝わる」と思ってやりましたけど、あんなの絶対ウソですね。

廣瀬　えぇーー。そうなんですか（笑）。

宮本　僕はもう全部わかったうえで、とにかく厳しくやって、何年かそれを続けて、選手たちが「プロってこういうものなんだよ」というのがわかったときに、初めて大人扱いというか、方向転換をしていこうと思っていたんです。でも、もうその前にいろいろあって辞表を出しました。

もう今の子にそういうものを求めても、かわいそうですよね。耐えられないです。ラグビーでも、今のアマチュアの選手とか、指導者が怒ったら泣くんですか？

廣瀬　まあ泣くかはわからないですけど、前よりは繊細という感じはしますね。

宮本　プロ野球選手、泣きますからね。ワンワン泣くんですよ。

廣瀬　へぇー。そうなんですか。

宮本　すぐ泣くんです。ナイターとか見ていても、打たれただの、ミスしただのって、ベンチで泣いてるじゃないですか、最近の子は。お前、何を泣いてんだ、と。「男が簡単に泣くなよ！」って言いたくなりますけどね。

廣瀬　あ、そんな感じなんですか。それもまた、どうなんやろ？

宮本　もう、すごい泣きます。「悔しくて」って。いや、その気持ちは尊いけど、でも人前ではあんまり泣くなよ、って（笑）。

廣瀬　そうですよねぇ。

宮本　そりゃ、「日本一逃しました」とか言うんならまだわかりますよ。でも、１４３試合ある中の１試合ぐらいで、そんな、痛い思いすることもあるでしょう。そのたびピーコラピーコラ泣いて。試合終わってからロッカーに呼んで、「明日からファームな」って言って、「こういうところが足りない」って説明する前に泣くから、もう説明もできないです。「そんな泣いてたらわからへんやろ」って（笑）。

廣瀬　確かに、なかなか前に進めない。

宮本　ラグビーの選手でも、そんなのあります？　その辺のメンタルは、持ってる子が多いような印象があるんですけど。

廣瀬　まぁタフはタフですよね。結局、タフな子が残りますよね、最後は。とくに日本代表となれば、なんだかんだと所属しているチームの中で揉まれていたような選手たちですよね。

宮本　僕がヤクルトのコーチに就任したのは2017年の秋なんですけど、この年のシーズン、ヤクルトは96敗したんです。45勝96敗（2分け）で、マイナス（負け越し）51で終わったシーズンの秋から現場に戻ったんです。これだけ負けるって、なかなかないことですよ。普通は最下位でも、だいたい30ぐらいで済むものですから。それより20ぐらい余計に負けているんで。だから最初は、やりやすかったですよ。もう、選手がやらざるをえない。

なので、もうその秋のキャンプから、ちょっと昔的な発想で、練習メニューを組みました。僕自身、現役の晩年や、引退してからもチームを見ていて、強かった頃と比べたら練習量が減っているのは明白で、物足りなさをすごく感じていたんです。だから、めちゃくちゃやらせました。僕らの頃と同じくらいか、その頃以上にやらせたかもしれないです。

そしたらこれが、意外にもケガ人が出ないんですよ。やる前は、僕はかなり出ると思っていました。それでもいいからやらそう、と。さっきも言いましたけど、11月にどれだけケガしたって、オフに治したら、翌年の開幕には間に合うんだから、という勢いでやらせたんです。結局、3週間のキャンプで、ケガでリタイアしたのは野手1名、ピッチャー1名。それだけしか出なかったんです。「コイツら、やれば結構体力があるんじゃん」と思いました。

それで、そこからひたすら練習させて。僕は2年でやめるつもりなんてなかったですから、しばらくやり続けるつもりでした。そのやってきた子たちが主力選手になってきたときに、「これくらいやらないとダメなんだよ」というふうになるのに、最低でも3年ぐらいかかると思ってたんで、その間は妥協しないつもりでした。でも、2年目でみんな飽きちゃいましたね。

廣瀬　そういうことだったんですか（笑）。

宮本　まあ、もたないですよね。ただ、結果的に効果はありました。成功しているんです。やっぱり練習ってウソをつかないんだなって思いましたよ。翌年（２０１８年）のシーズンに、周りのチームがコケたというのもあるんですけど、75勝を挙げて2位になったんです。断トツ最下位から2位に上がった。

　でも僕、これが想定外だったんですよ。いらんかったなぁと思って。

廣瀬　それはまた、どうして？

宮本　段階的に上がっていきたかったんです。それがポンと2位になって、周りは「さあ次は」みたいに言い出すじゃないですか。「2位の上は1位だ」って。僕はまだまだ優勝なんて、「とてもとても、そんな力はない」とわかっていたんですけど、でも選手たちは、中途半端な自信が芽生えますよね。そしたらまた次の年、シーズン中に16連敗して屈辱の最下位です。

　今思えば、あのとき、しっかり区別をしたら良かったなっていう後悔がありますね。主力選手は、歳が若くても、もう調整でいいですよ。でも、力のない選手は、歳がいくつであろうとガンガンやらせますよ、と。そういうふうに分けていたら良かったのかなっていうのは、後悔がありますけど。

廣瀬　まあでも、2年間やってみて良かったのは、「練習はウソをつかない」というのが実感できたこと。でも、それと同時に、そうやってやらせていく中でも、緩めないといけないところもあるんだなということ。それがよくわかりました。

宮本　で、やめた後に2年間をトータルで考えたときに、もう今はやっぱり昔と違うっていうことでしたね。これからの時代は、追い込むだけじゃなくて、モチベーションをどうやって上げてやれるかが大事なんだ、と。ちょっと冷たい言い方ですけど、ダメだったらもう自己責任ですから。本人がクビにもなるだろうし、トレードにも出されるだろうし。それぐらいのスタンスで、「あとは自分で頑張っていってくださいよ」という環境を整えてあげるのが、今の時代の指導スタイルなのかなと思いました。ある意味、そのほうが厳しいんですけどね。表層的なところだけ見ていたらわからないですよね。

だから、本当に思っていること、「こうやってやればいいのに」というのも、こちらからは言わない。我慢する。担当コーチに任せる。それでいいんですよね。

今はプロ野球全体の監督を見ても、モチベーションを上げるのが上手なんだろうなっていうチームが、やっぱり順位が上にいるんで。阪神をやめられた岡田監督がちょっと特別かなというくらいで、みんなソフトですよ。岡田さんにしたって、前に監督をされていたときよりは全然柔らかくなってると聞きましたから。それでも「岡田さんなりに」というところで、2年間やってこられたと思います。まあチームが負けだしたら、やっぱり選手のこと、ボロカス言うてましたけどね。あれが今の子は、耐えられないんでしょうね。「それやったら直接怒ってくれ」みたいな。怒ったら泣くくせにね（笑）。

廣瀬　どっちにしても、ってことですね（笑）。

宮本　あらためて今は、首根っこをつかまえてやらせるという時代ではないです。なんとか背中を押してあげる。失敗しても「大丈夫だよ」と励まして、ある程度のチャンスを与えてあげる。そこでモノにできなかったら本人もわかるでしょう。じゃあ練習するの？　もうやめちゃうの？　っていうのは本人次第なんで。僕的には寂しいんですけどね。「なんとかしたい。この選手はもっと良くなるのに」っていうのがやっぱりあるんで。

そういった意味では、村上宗隆というのは今どき珍しい、向かってくる子でしたね。面白かったですよ。今でも顔合わせたら、僕、言いますから。「お前。なんか、あのときの気持ちを忘れてんじゃないのか」って。「宮本の野郎を黙らせてやる、っていう気持ちが今はないだろう」って（笑）。

廣瀬　えへへへへ（笑）。そしたらどんな反応が返ってきます？

宮本　ニヤニヤしてますけどね。それはもう、アイツもわかっていたんで。僕のことを嫌いか好きかって言ったら、たぶん嫌いだと思うんです。でもあの子は、素材的にも「ヤクルトの4番」というよりも、「日本の4番」にしないといけないレベルの選手だったんで。そりゃ口うるさく言いました。たとえば胸のボタンを何個も外してたら、「おい、コラ。ボタン！　ちゃんと締めろ」って。

ユニフォームの着こなしから、すごくうるさく言ったから、鬱陶しかったと思います。でも、そういうところから、野球ファンの子どもらが真似するような選手になってもらいたいんで。今はまたあの頃とは違った立場にいて、いろいろ壁はあるんでしょうけど、まあ頑張るんじゃないかなと思いますけどね。なかなか珍しい男ですよ。最近では。

廣瀬　なんか聞いていて、羨ましい気もしますね。僕は東芝でコーチになったとき、そういう現場でのリアルなコーチングの経験がなかったので、自信を持っていたかというと、「うーん……」という感じだったんです。試行錯誤して、「なんとかしたい」という思いからいろいろとやってしまったことが、「本来それで良かったのかな？」ということが結構あったんです。選手たちには申し訳なかったなっていう気持ちがすごくありますね。

それならなんでコーチのオファーを受けたんだ？　という話になりますけどね。本当はもうちょっといろんな経験を積んで、しっかり指導者としてのパフォーマンスを出せる状態でコーチになったほうが良かったかもしれないな、っていう後悔は今もあります。そこでのベストは尽くしたつもりなんですけど、どこかに「もしかしたら申し訳ないことをしていたんじゃないか」という、いくつかの失敗例とか、反省みたいなところが出てきてしまうんですよ。

基本的なところで、ラグビーって、人がやろうと思わないと動かないものなんです。いろいろ聞いたり、問いかけたりってことは大事にしてきたんですけども。宮本さんのお話を聞いていても、僕にはまだ、選手たちをグッと引き寄せるものが自分のなかにつくれていなかったし、自分自身もそこに戸惑いを感じながらやっていましたから。そういうものができていたら、もうちょっと才能が花開いた選手もいたかもしれないな、っていうのは思いますね。

そこは、最後は「本人が悪いんだからしゃーないやろ」というのがあるんですけど、でも、もうちょっと「無理やりにでも」みたいなことが自分にできていたら、「もしかしたらなぁ」っていうことはあったように思えるんですよ。技術のことは無理やりやればいいってものじゃないですけど、もうちょっと強制的にというか、強引にというか、引っ張れば良かったなと。そういうものを求めている選手もいたはずで、その見極めというのは難しいですよね。パッと見て、できたらいいんですけどね。

宮本　いやぁ、でもね、アーティスティックスイミングの井村雅代コーチの記事を読んだとき、こんなことが書いてましたよ。

ちょうど井村さんが中国に行って指導して、日本に帰ってきてまたオリンピックでメダルを獲ったときです。選手の自主性について問われ、「20年くらいしか生きていない子に、自主性なんかあるわけないだろう」って。「みんな最初は強制なんだ」「それで覚えて、自分の基本ができて、そこでやっと個性が出るんだ」と。なるほどなぁ。

その通りだなぁって感心しましたけど。
やっぱり個性というのは、基本があって、マニュアルができて、初めて自分の個性が出てくる。でも今は、最初から「個性、個性」って言われるので、そこがちょっと引っかかるところではありますけど。でも、あんなふうにできたら、もっといい選手がたくさん出てくるんじゃないかなっていうふうにも思います。もちろん、選手がそれに耐えられればですけどね（笑）。

怒られ慣れていないことの危うさ

宮本　廣瀬さんが、もしこれから高校や大学で特定のチームを指導されるようなことがあったら、どんなスタンス、指導スタイルでやられますか？

廣瀬　どうだろう……まずはやっぱり人間教育という部分が大きいのかな。自分自身、それが大事だと思っているし、一人ひとりの部員を人としてどう成長させていくのかというのが一つ、大きなテーマになると思います。
二つ目は、とはいえ成績に関して学校からのプレッシャーも当然あるでしょうから、組織のトップの人との信頼関係をどう構築していくのかが重要になるのかな、と。経営的な側面とかから、どうしても短期的な結果を追い求めてしまいがちですけど、そこだけじゃないゴールの設定を、校長とか理事長といった人たちと、しっかり手を握り合えるかどうかになってきますよね。

指導者って、「成果を出さなあかん」と思うと、無意識のうちに選手に無理を強いたりしてしまうものだと思うんですよ。でも、それをやったら、とくに相手が高校生や大学生だったら、どこかで選手たちに拒まれて、彼らとの信頼関係が壊れてしまうかもしれない。やっぱり学校としての方針を、ちゃんと詰めていけるかどうかっていうのが、僕は大事じゃないかなという気がしてますけどね。甘いですかね？

宮本　いや、本来はそうであってほしいです。理想と現実で、なかなか難しいところではあるんでしょうけど。

廣瀬　そうなんですよね。それでも、「ここで結果を出せばいい」だけになっちゃうと、自分が本当にやりたいことができないと思うんです。それなら携わらないほうがいいな、と僕は思っています。とはいえ、やる以上は勝たないとダメなんでしょうね。勝つことで自信が得られるはずだし、「頑張って良かったなぁ」という経験の積み重ねですからね。勝ってほしいし、勝たせるのが使命かなとは思うんですけど。そのためにどうしていく、という具体的なものはまだ見えていませんね。

宮本　ハードワークも、やっぱり必要な部分だと思うんですよ。そういうものを、高校生や大学生に、どんなふうに落とし込むのが一番理想的なのか。今は難しい時代なので、「ハラスメント」みたいな言葉が独り歩きしてしまっていて、強くなるためにやっている取り組みまで否定されてしまいますから。

廣瀬　「なんでハードワークするのか？」ということに対して、学生なら学生が、それを「いいなぁ」と思ってくれるかどうかが大事だと思うんです。高校野球の甲子園のように、みんなが目標とする場所があって、そこに行きたい。「じゃあ、そのためにハードワークが必要だよね」というロジックを、学生が理解してくれるかどうか。それがまず一つ。

二つ目は、とはいえ人は誰だって間違えるし、社会はいろんなことが起こるから、それは全部が全部合理的じゃないよ、と。そういうところを、いかにみんな理解しているのか。「たまにはミスすることがあるよ」と思えたら、仲間を思いやる気持ちにもつながります。思い通りになんか、全然いかないじゃないですか（笑）。

だからせめてスポーツを通して、そういうことを経験してほしい、学んでほしいなと思っています。僕ならそんなことを踏まえながら、選手に厳しい練習を課すこともあるかもしれません。それでも、ただ無理やりに「やれ」という形には、するつもりはないですね。

宮本　基本的には怒られたことのない子が多いので、そこが一番難しいところなんですよ。こっちはそんなに怒ってるつもりがなくても、向こうがごっつぅ怒られた感覚になってますから。

これ、ウチの息子から聞いたんですけど、面白い話があって。中学校のときのチームが「日本一を獲るんだ」といって、結構厳しくやっていたんです。逆に高校では完全に技術指導のコーチという立場なので、あまり踏み込まないように、そこはまあ自分なりに立場を考えてバランスよくやっていたつもりなんです。だから言葉がけなんかも、自分ではすごく優しく言ってるんですけど、それでも「宮本コーチは厳しい」と、息子の同級生たちが言っていた、と。

息子にしてみたら、「お父ちゃんも、だいぶ気ぃ遣うて言うてんねん。あれが厳しいんやったら、アイツ、もうあかんな」みたいな（笑）。

廣瀬　あはははは（笑）。息子さん、なかなか大人ですね。

宮本　そんな感じですから、やっぱり気を遣いますよね。ちょっと前に、こんなこともありましたよ。

休み明けの練習の日に、練習の最初のキャッチボールを見ていたら、なんかダルそうに投げている子がいたんです。「お前、しっかり投げんか」と、そんな怒った口調じゃなく、普通に言ったんですよ。そしたらその子、「昨日、ボウリングで投げすぎて、腕が張って」と言うんです。それで練習を止めて全員集めて、言ったんですよ。「キミたちの優先順位はなんだ？　まず学校生活があって、東海大菅生という学校があって、そこでこうして野球をやらせていただいてる。という気持ちが、キミたちにはないのか？　遊びが一番に来てどうすんだ」と。ボウリングで腕が張ったって、そんなもんこっちは知るか！　って話で（笑）。

廣瀬　すごいですね、ボウリングで（笑）。でもそれ、よう言いましたね。本当のことを。

宮本　そう。それね。だから悪気がないわけです。これ言ったらまずいな、という。そういうのも、ちゃんと教えてあげないといけないんでしょうね。「それは間違ってるんだよ」ということを。そういうある種の生活指導みたいなところには、あえて首を突っ込まないようにしてたんですけど、さすがに「ボウリングで」と言われたときは、僕もついイラッとしてしまって（笑）。

廣瀬　あはははは（笑）。いや、笑ったらいかんけど。

宮本　怒られたことがないというのを頭の片隅にちゃんと置いて、話をしなきゃいけないんで。まあでも、なかには村上みたいに、パッと向かってくる選手もいますが。それぞれの子の性格を見ながらですよね。

　プロ野球でもよく言いますけど、本来はスポーツというのは楽しむものであって、極端なことを言えば、野球がこの世界からなくなっても何も社会は困らないわけです。だから楽しくやらないといけないんですけど、楽しくやるためには苦しいことも出てくるわけです。そのあたりの話を懇々としたりはしますけどね。大人が褒めてあげて、「いいよいいよ」って言って、モチベーションを上げて野球をさせてあげる時代ですから。まあ、僕はそっちのほうが全然楽なんですよ。そんな、イヤなことばっか言うよりも。でも、その子が本当にそれで良い選手になっていくかというのは、ちょっと怪しい気がします。廣瀬さんもおっしゃるように、すべて合理的には進まないですから。いろんな回り道があって、みんなそこの正解にたどり着くものなんで。

だから、いろんな行き方があっていいと思うんですよ。うまくムダなところを削っていって、最短距離でパッと進める子もいれば、不器用な子もいて、あっちこっち行きながらここまで来ましたという子もいる。でも、そうやって時間がかかる子のほうが、できあがったときには案外強かったりするんですよ。自分のものになってからは、少々のことでは崩れない。そのあたりのことは、こっちが言わない分、本人が頑張るか頑張らないかだけになってきますよね。そのほうが僕は楽ですよ。でも、なんかこう引っかかるところがありますよね、正直言って。

廣瀬　そうでしょうね。こちらには先が見えてしまっているわけですもんね。

宮本　それが今の時代に合ってるのは、僕だってわかっています。でも今、いい選手はいくらでもいるんですけど、本当に強い選手がいないんですよ。昔は首根っこをつかまえて、「あれやれ、これやれ」と言って、やらせて、伸びていく選手が多かったですから。だから強いんです。そういう意味では、なんかこう、モヤモヤっとしたものがありますね。やらなくていい気楽さと、でも「もっといい選手になるのになぁ」っていうところの、葛藤みたいなところがありますね。

廣瀬　性格的にも、負けず嫌いの子が少なくなっていますからね。

宮本　あぁー、そうですね。今はもう、プロでも本当の負けず嫌いなんて、一部の一流選手だけですよ。ほとんどが、失敗したら誰かのせい、何かのせいにしますから。それをやっていたら、いい選手にはなれても、強い選手にはなれないんで。苦しいときにチームを救うとか、そういう選手にはなれないと、僕は思っているんで。

その辺は難しいところですよね。イチローも言うじゃないですか。「合理的が嫌いだ」と。「いろんなものを経験して、初めて自分に身について、それが強さになる」って。ほんと、その通りだなと思いますよ。

廣瀬　やっぱり、怒るのはしんどいですからね。その子のためと思っても、そうは取らないことのほうが多いんで。だから今、野球の指導者は大変だと思います。昔のやり方も効果があるのはわかっているけど、でも昔みたいにやったら、世間で叩かれてしまうかもしれない。ことによっては、自分の指導キャリアがなくなることだってあるわけで、そうなったら、あえてリスクを取るようなことはみんなしませんよ。

そこはラグビーも同じだと思います。どれくらい厳しく伝えるのかというのは、どんどん線引きが難しくなっていますよね。エディーさんにしたって、根っこのところでは、そんなにワーワーと怒ったり、そんなことはしたくないと思うんですよ。それでも、厳しく当たる、わざと当たってくれるという。後になってそれに気づいたときに、あらためて感謝の気持ちが生まれるんですけどね。

宮本　僕はだから、そうやって厳しくしたときには、反発してくれたほうがいいんですよ。拗《す》ねられるのが一番困る。拗ねられたら、もうどうしようもない。だから「宮本！　コイツだけは絶対黙らせたる」みたいなヤツのほうがいいわけですよ。やりやすい。「コイツ、強くなっていくんだろうな」って思います。でも今の子は、すぐ拗ねちゃうんで。これが一番面倒くさいですね、拗ねさせないように注意することが。なんとかモチベーションを上げて、やる気にさせてあげて、それから教えていく。それが今の子には重要なんでしょうね。

廣瀬　親の姿勢とかも大事なんですよ。家に帰った後、「今日、コーチはなんで怒ったんだと思う？」みたいなことを、親子の会話の中でちゃんと説明してくれるような習慣があったらいいんですけどね。「あら、怒られてかわいそうね」みたいになってしまったら、もうダメだと思うんですよ。

宮本　今は親自体が子どもを怒ってないですから。親に怒られていないのに、よそのオッサンに怒られたら、そりゃ子どももイヤになるでしょう（笑）。

第7章

今後のビジョン

近年の日本の野球界とラグビー界が直面する問題として、競技者人口の伸び悩みが挙げられる。どちらも多くのファンを持つ人気スポーツでありながら、中学校や高校では部員不足に悩むチームも多いという。少子化や、子どもたちの趣味の多様化といった社会情勢、スポーツを取り巻く環境の変化の中で、現場はこれから何をしていくべきなのか。それぞれの競技の未来と、宮本、廣瀬、それぞれの今後を展望していく。

子どもたちにはスポーツをやってほしい

宮本　野球の競技人口というのは、もうだいぶ前から右肩下がりの状態が続いているんですけど、ラグビーはどうなんですか？

廣瀬　減ってますね。

宮本　バスケットボールとか、バレーボールは増えていると聞いていますが……。たとえば、柔道にしてもあれだけ金メダルを取ってオリンピックのたびに注目度が高いし、バレーボールにも人気選手がいる。それでも、子どもの「好きなスポーツ選手」のランキングでは、大谷翔平がトップですよね。そう考えたら不思議な現象ですけどね。ラグビーは、個人的に増えてほしいんですけどね。

廣瀬　そう言っていただけると嬉しいですね。でも、なかなか厳しいみたいで。やっぱり、人を集めるのが大変なんじゃないですかね。最低でも15人ですから。それと高校生くらいになったら、教える側にも専門的な知識が必要になってくるし。
　小学生くらいを調べたら、もしかしたら増えてるかもしれないですよ。僕もいろんな場所に行っていて、ラグビーをやっている子は増えているという印象があります。ただ、やりたくても、家の近くにラグビースクールがないとか、いろいろ問題がありますね。

宮本　なるほどなぁ。やりたくてもやれないのはもったいないなぁ。

野球はもう、しょうがないんですよ。僕は最近、そうやって思うようになってきました。その「減ってる、減ってる」という声というか、実際のデータでも出てきていて、なんとか人口を増やしたいっていうのは、もちろん気持ちの中では当然ありますよ。でもそれが、「しないと、しないと」という気持ちから、今は「しょうがないんじゃないかな」って思うようになってきたんです。だって、たとえば何か状況が変わって野球にごそっと子どもが集まってきたら、今度は他のスポーツが、全然ダメになっちゃうわけじゃないですか。もうね、「野球離れ」じゃなくて、「スポーツ離れ」なんですよ。

廣瀬　確かにそうなんですよね。だって、子どもの数自体がいないんですから。一族における家の子どもの数は、2までいかない。それをみんなで取り合っているんですよね。なおかつ、戦ってる相手がスポーツだけじゃなくて、ゲームとかの世界になってくるわけですから。これは非常に苦しい。競技人口という意味では、すごく難しい時代を迎えていると思います。

宮本　人気のサッカーやバスケットは、どっちもちょっと極端な言い方をすると、子どもたちのいるところに、ボール1個放り込んでおけば、できちゃうスポーツなんですよね。たとえば幼稚園みたいなところでも、グラウンドにサッカーボールを放り込んで、最初はルールなんかわからなくても、それをみんなで追いかけていく中で、サッカーという競技を覚えていく。そういうアドバンテージが、競技者人口にものすごく反映されている気がします。サッカーは、何十年もかけてやってきたことが実を結びつつあるんだと思います。

廣瀬　「百年構想」ですよね。初代チェアマンの川淵三郎さんが、最初からおっしゃってましたからね。

宮本　でも、だからといって、野球の人気がなくなってるということじゃないんですよ。球場には以前よりも観客が来ていますから。そのあたりのデータを、どう考えるかですよね。ラグビーもそうだけど、他のいろんなスポーツが、以前から比べると、メディアにもかなり扱われるようになりました。

昔なんて、『プロ野球ニュース』というタイトルで、普通に地上波でやっていたわけですからね。その当時は、他のスポーツなんて3分ぐらいの尺の中でまとめて映像を流すみたいなやり方だったのが、もう今では『スポーツニュース』になって、いろんな競技を満遍なく入れていますよね。そうやって考えたら、状況によっては野球の報道がゼロになったっていいんじゃないのか、ぐらいの感覚もあるんですよ。

僕は、とにかく子どもたちにスポーツをやってほしい。これはもう絶対なんですけど、それがラグビーを選ぶならラグビーでいいし、野球だったら野球、サッカーだったらサッカーで、これは全然いいと思うんですよ。でも、野球とサッカーでごそっと持っていってしまって、ラグビーとかバレーボールがどんどん減っていくみたいなことにもしなれば、それは日本のスポーツ界全体で考えたら決して良いことではないと思うんです。

だから、みんなが独自に「集めましょう」という努力をして、その中での結果で増えたり減ったりがあるというのは、別にいいんじゃないですかね。

廣瀬　僕も、いろんなスポーツができる環境があるのがいいと思います。野球もやってラグビーもやって。今は一極化じゃないけど、それをやったらずーっとそればっかりがまだ多い。日本って、そういうところがありますよね。本当は小・中学生くらいの段階ではいろんなものを経験させてあげて、高校に進むくらいのタイミングで、「本格的にこれをやってみたい」というものが出てきたら、じゃあそれを、という感じのほうがいいと思うんですよ。

あとは、ラグビーって、小さな子どもがいきなり始めるには、ちょっとハードルが高いような気がするんです。今、「タグラグビー」という、ディフェンスではタックルをしないかわりに、腰につけたタグを取り、アタックでは（同じ楕円のボールを使って）パスを回してトライを取り合うゲームがあるんです。いろんな場所で試合や体験会を開いて、みんなにやってもらっています。それが、最終的にラグビーの普及につながればいいなと思って。

宮本　それはいいですね。野球でいえば、ティーボールというのがあるんですよ。やわらかいボールを使って、ティーに置いたボールを打つんです。まずこういうミニチュア的なものから始めて、覚えていく段階を踏まなきゃいけないんでしょうね。

それと野球の場合、道具の値段というのが一つ、ネックになってきますよね。野球の道具って、結構高いんですよ。

僕は今、現役時代に用具の契約をしていたミズノと一緒に、グラブの開発をやっているんです。どれだけコストを抑えられるか、あれこれ苦心して考えてみたとしても、いざつくっていくと、やっぱりいいのができないんですよね。今はもう、あらゆるものの物価が上がっていますから。

じゃあどっちがいいの？　という話になってきますよね。ミズノにしてみたら、そりゃ売れないと困るわけで、儲からないと商売としては成り立たない。ギリギリまで工夫して安いものつくっても、売れませんというんじゃ、話にならないですよね。そうなってくると、やっぱりそういう道具に対しても、どれだけお金をかけられるのかというのが難しいんです。とくに野球の道具って、グローブもバットも技術に直結するものですから。

廣瀬　これぱっかりは、「安かろう」というわけにはいかないんですね。

宮本　そうなんです。あとはよく、日頃の練習で、当番になるお母さんの負担がどうのこうのって、とくに最近やけに言われるんですよ。でも、よくよく考えてみてください。普通のチームに入ったら、月に2〜3回ぐらいのことですよ。たとえば夏場なんて、こんな気候になっている時代に、子どもだけ預けっぱなしで、自分は当番にも行きたくないって、僕はちょっと理解できないんですよね。むしろ、心配じゃないの？　って。

廣瀬　あぁー。それは確かに、そうですね。

宮本　なかには、保護者の負担が過度なチームもあるみたいです。弁当がどうだこうだとか、僕はまだ見たことがないんですけど、監督の横でお母さんが日傘を差してるとか、あるらしいんですよ。そういうのはさすがにやり過ぎだと思いますけど、お茶を持ってきてくれるくらいなら、やってくれてもいいんじゃないの、とは思いますけどね。

女子スポーツの環境整備・発展は絶対に必要

宮本　日本のラグビーって、以前は大学ラグビーにすごい人気があって、早明戦とか、よく国立競技場が満員になっていましたよね。逆に社会人の試合がちょっと注目度が低くて。今、そういう図式は変化しているんですか？

廣瀬　大学ラグビーというのは、まあ以前ほどではないですけども、やっぱり人気がありますよね。でも今は、日本代表のプライオリティも変わったし、すごく健全になってきた気がしますけどね。昔はもう、早慶戦に「出ればいいんだ」と、高校生であれば「花園行ければいい」のような雰囲気があったんですけど、今はもうまったく変わっていますね。子どもたちも、できることならば「日本代表になりたい」という目標を持っている選手が多いはずです。そこら辺のところは、本来のあるべき形に戻った気がします。

宮本　以前は、正月明けに大学と社会人が試合をしていましたよね。たまに大学が勝つこともありますけど、普通は社会人が圧勝するじゃないですか。それはまあ、当然といえば当然なんでしょうけど。ちょっと力の差がありすぎて、「どっちが勝つんだ？」みたいな面白さはないですよね。

廣瀬　僕個人の意見としては、やらなくてもいいと思います。今はもう、なくなりました（日本ラグビーフットボール選手権大会。２０２１年に終了）。大学生は大学選手権で優勝して、それで完結でいいんじゃないかと。エンタメとしては面白いかもしれないですけど、社会人はあんまりやりたくないですよね。勝って当たり前の力関係ですし、あまりメリットがないですから。

宮本　そうでしょうね。いや、野球も以前、シーズンの最後に、大学と社会人の優勝チーム同士が、「全日本アマチュア野球王座決定戦」というのをやっていた時期があったんです。大会は7回目まであって、大学が3回勝っています。特に第6回優勝の青山学院大学は、井口資仁《ただひと》（前ロッテ監督）とか、結構選手が揃っていたんで、一発勝負で社会人がやられちゃいました。翌年も大学が勝ち、その大会はなくなりました（笑）。まあ社会人側からしたら、あんな試合は、やる意味がないと思っていましたからね。

廣瀬　野球もラグビーも、「強化」という名目で組まれているんだと思うんですけど、それならば、そういう形じゃなくてもいいような気がします。それよりも、優秀な選手は、大学生でも社会人の試合に出場できるような制度をつくったらいいんじゃないかと思いますけどね。

　海外のラグビーでは、20歳以下でテストマッチに出場している選手がたくさんいるんですよ。いい選手がいたら、若くてもトップクラスのゲームを経験させられる環境があるんでしょうね。日本でも、そういう選手の循環ができるようになれば、すごく理想的なんですけどね。

宮本　バスケットボールではやってるみたいですね。大学に籍を置きながら、大学のオフシーズンに、Bリーグのチームに所属している選手がいますよね。ああいうのがラグビーや野球でもできるようになったら、確かに面白いだろうなぁ。

廣瀬　柔軟性があって、すごくいいと思いますけどね。
　大学ラグビーって、試合数も少ないんですよ。リーグ戦が7試合ぐらいで、大学選手権のトーナメントが3試合。年間で公式戦、合計10試合ですよ。それじゃぁーねぇ。

宮本　それは少ないわ。公式戦って、やっぱり練習とは違いますからね。緊張感が全然違うし、スキルが上がるのは、やっぱり公式戦の経験ですよ。

廣瀬　まさに、そう思います。だから、若い選手たちのために試合数をどう増やすかというのは、結構大事なことだと思いますね。

宮本　サッカーでは『プリンスリーグ』といって、高校選手権とかインターハイのトーナメントとは別に、年間通してリーグ戦を消化しているんですよね。だけど現実的に、そこにはなかなかシフトしにくいでしょうね。野球でいえば、春と夏の「甲子園」という大会が、あまりにも存在が大きくなりすぎていますから。ラグビーはどうですか？

廣瀬　ラグビーも、本当はやったほうがいいと思いますけどね。大学ラグビーでは、今、関東に「リーグ戦」と「対抗戦」の2つのグループがあって、昔からの歴史の流れを重視することが、いまだに色濃いんですよ。本当はそれが一緒になって、上位8チームと2部リーグみたいな形でリーグ戦をやったほうが、強化のためにはプラスだと思いますし。

春にも、「春の公式戦」のような形で大会みたいにしてやっているんですけど。でも、これは公認された大会じゃないですから。言っちゃえば、招待試合の本気バージョンみたいな。だから、やっていても、「ちょっと違うかな」という感じなんです。

それだったら、お金がかかるから大変かもしれないですけど、全国規模のリーグみたいにしたほうが、強化の面からは絶対にいいんですけどね。

宮本　なるほどなぁ。いや、野球はもう、変えることが難しいです。甲子園の夏の大会は、国民的行事みたいになっちゃってますから。ああなると、なかなか新しいことはできません。やるとしたら、春の選抜大会をなくすくらいじゃないと、日程が取れないでしょう。たとえば秋の大会を廃止して、その期間、新チームで、その辺の地域ごとにリーグ戦をしましょう、と。その成果を、夏の大会で発揮しましょう、みたいな目標設定にして。それくらいしか考えつかないです。
今は埼玉とか神奈川あたりの有志が集まって、そういうリーグ戦をやっているところがあるみたいですね。でも実際には、日頃の試合に出ていない選手を使ったりとか、本当の勝負とか強化というところではない目的になっているように見えます。やっぱり「これが全国につながっていく」「優勝が懸かってるんだよ」というのがないと、緊迫感が出ないですもんね。

廣瀬　トーナメントで高校生が負けて涙を流して、みたいな映像をテレビなんかでもつくりたがりますからね（笑）。そういうドラマもまあいいんでしょうけど、せっかくならレベルの高い試合を、少しでも多くの人に観てもらいたいですから。

僕としては、『リーグワン』にもっと注目が集まってほしいんですよ。今、海外からめちゃくちゃすごい選手たちが来ているんです。ワールドカップ・フランス大会の決勝戦に出場した両チームから、10人以上の選手が日本のチームでプレーしていますからね。この流れがもっと広がっていったら、日本のラグビーにとっては、すごく大きなことですよ。だから、メディアにも、もっと宣伝してもらいたいんです。

宮本　そうですよね。ワールドカップで活躍していたら、「この選手、見たことあるわ」って思いますもん。今、観客動員はどうなんですか？

廣瀬　ちょっとずつは良くなっています。協会も、「お金を払って見にきてくれる人は前よりも増えました」と言っています。以前は招待客が多かったですからね。でも、選手のポテンシャルとか、試合のクオリティから考えると、まだまだ足りないです。

宮本　何か方法はないものですかね。

廣瀬　確かに、もうちょっとエンタメとかを考えないとあかんということは感じます。あとはワールドカップのときにテレビで観てくれた方が、どこまでちゃんと定着してくれるかっていうのがカギですよね。そのための仕かけを考えないと。

サッカーにしても、Ｊリーグのスタートの頃には、いろいろ運営面の課題があったと思います。それをクリアしてきて今があるのだから、ラグビーも今、ここをどう頑張るかですよね。

宮本　やっぱり「にわかファン」は重要ですよ。

廣瀬　ですよね。重要なんですよ。「タグラグビー」が、少しずつですけど女子に普及していっているようなんで、そういうのはいい兆候ですよね。

宮本　そうなんですか。今、野球も、イチローが松坂大輔や松井秀喜を引っ張り出してきてチームをつくって、女子野球の高校選抜みたいなチームと対戦して、それをテレビが放映していますよね。ああいうのは意外と影響が大きいですよ。女子スポーツの発展も絶対に必要です。

廣瀬　僕もそう思います。

宮本　僕の耳に入ってくる情報としては、今、女子野球もあるし、女子ラグビーもある、女子サッカーなんかも認知されていて、そういう女子のスポーツがいろいろ台頭してきているんですけど、なかなかみんな良い環境でやれていないみたいですね。男子に比べると、競技環境が全然整っていないと聞いています。

じつは僕は、プロ野球選手会の会長をしていたとき、結構早い時期から、選手会とかいろんな場所で、「女子野球をみんな手伝え」という提言をしていたんです。今のような「私は好きでやっていたけど、こんな環境やったら、自分の子どもにはやらせたくない」と思われかねないような状況のままじゃダメなんです。

廣瀬　そこはまた、ファンも同じだと思うんです。たとえば、お客さんが「球場に観戦に行きました」というときに、グラウンドの選手のプレーだけじゃなくて、観ていて楽しいイベント、ファンサービスがあったら、「こんなことがあって、あんなこともあって、あぁー楽しかったな」って記憶に残ると思うんですよ。

宮本　そういうことが、観客動員にもつながっていくんじゃないかな。その競技をやっている子だけじゃなくて、ファンも大切にしないといけないということですよ。

廣瀬　そういうのは、バスケットボールのBリーグがうまいですよね。競技者がそもそも半々くらいなんですから、やっぱり女子にとってやりやすいスポーツでもあることが必要条件だと思います。世界の流れもそういうふうになってきていますから。

宮本　オリンピックにしても、ちゃんと女子競技がないと種目に採用されませんからね。

廣瀬　もちろんそれもありますし、企業でも今はＳＤＧｓを掲げて、そういうことにちゃんと取り組むことが義務づけられている時代ですから。それができていない企業は、これからはきつくなってくるでしょうね。世界的視点から考えても、「女子をどうやっていくのか」というのは、今から手をつけていかなくてはいけない重要なテーマだと思います。

宮本　それをやったからといって、今、急に効果が出てくるわけじゃないんです。何事も、種を蒔いて10年先20年先になって、芽が出てくるものでしょう。

廣瀬　そうですね。そう思います。

宮本　今は選択肢がいっぱいある時代ですからね。それこそ大昔は、みんな最初に野球を一度通ってから他のスポーツに移っていくみたいな時代もあったので、野球は黙っていても運動神経のいい子が残る。どうしたらみんなが野球をやってくれるかなんて、考える必要もなかったんです。もうこれからの時代は、たとえばラグビーのワールドカップを観て、最初からラグビーをやる子も当然出てくるだろうし、錦織圭選手が出てきたときには、バーッとテニスに火がつきましたもんね。今ならスケボーの堀米雄斗選手なんかがそういう存在なんでしょうし。

それぞれのビジョン

宮本　ラグビーはテレビで大きな試合を見る程度で、特定の方とのお付き合いはないのですが、ワールドカップで活躍されて名前を覚えたような選手が、引退されるというようなニュースを見ると「あぁ、やめられるんだ」とちょっと感慨深い気持ちになりますよね。

廣瀬　あぁ、それは僕らラグビー界の人間からしたら嬉しいですね。

宮本　間違いなく一般への認知度は上がっていると思いますよ。ラグビーの選手の方って、引退後のセカンドキャリアは、皆さん、どんな状況なんですか？　廣瀬さんのように解説者とか、テレビの業界で活躍される方も、これから増えてきそうですね。

廣瀬　いやー、どうなんでしょう。これまでの一般的なルートとしては、ラグビー界に残る人は、コーチに就任して指導者の道に進んだり、教師になって学校のラグビー部を指導したり。トレーナーとしてラグビーに関わっていくという方向性もあるし、もうラグビーからは離れて実家の家業を継ぐような人もいます。

どんな道を選ぶにしても、それが本当にその人にとって一番のハッピーであれば、僕はそれでいいと思います。その人がやりたいことをちゃんと自分の中に見い出して、それが実現できるようになってほしいなというのが、ラグビーの世界に関わっている人間の一人として思うことですよね。

何より、「もしかしたらその選択肢より可能性とかやりたいことが他にある中で、それを選んでいる」というふうになってほしくないんですよ。どういうことに興味があって、どういうことを実現していきたいのかというのを、自分の中で一つひとつ見い出して、それに対してアクションできるような人が増えてほしいなっていうのが、根本にあることですね。

それが実現できるようになるための一つのサポートとして、2020年に、「アポロプロジェクト」という法人を、いろんなスポーツのOBやビジネスパーソンと一緒に立ち上げたんです。そこで、アスリートの学び直しのプロジェクトを今やったりですとか、社会との接点をどんどんつくっていこうということで、いろんな活動を企画したり。僕が会長を務めさせてもらっているNPO法人の「One Rugby」（ラグビーやその他の楕円球を用いたスポーツの普及活動、研究、情報交換の場の提供を行い、地域交流を図ることで広く社会に貢献することを目的としたNPO法人）もそうですね。僕個人としても、これからやりたいと考えているキャプテンのサポートみたいな活動も、今後はもしかしたらそこにリンクしてくるかもしれません。

そうやっていろんな活動を通して、社会との接点をアスリートにつくっていくということを、これから積極的にやろうと思っているんですけどね。

宮本　今はラグビーの選手もプロ契約をしている人が増えているんですよね。そしたら、現役が終わったら会社に戻りますというようなライフスタイルは、どんどん減っていくんでしょうね。

廣瀬　いや、『リーグワン』のチームでも、メインはまだ社員じゃないですかね。まだまだ、その企業に残るという選択肢はあると思います。ただ、残るから、じゃあ大丈夫、安全、安心なのかっていうと、今は社会状況も以前とは違いますから。それが本当にその人のやりたいことなのか、というところとは別問題ですよね。だから、安易に「そこがあるから大丈夫」という考え方は、僕はあまり共感できないですね。

宮本　高校や大学の指導者というニーズは、今は結構あるんですか？

廣瀬　うーん……微妙ですね。いろんな大会での実績があって、今現在も精力的に活動しているラグビー部のある学校に行こうということになると、なかなか大変なんじゃないでしょうか。そもそも学校も少子化だし、学校そのものが減っていけば、ラグビー部の数も減っていきますから。ますます厳しい状況になってくると思います。

宮本　廣瀬さんは東芝のコーチを退かれた後、いろんな組織とか団体に理事のような形で関われたり、ご自身でも会社をつくって、経営者としてのお仕事もされている。そういうラグビーとかスポーツとかを越えた大きな枠、言ってみれば「社会」の中で活動しておられて、ラグビーの選手やコーチをされていた時代の経験が役に立つ機会というのは、結構ありますか？

廣瀬　当然ありますよ。一つは「目的」というところですね。何か企画とかプロジェクトを動かすにあたって、その存在意義や意味をちゃんとみんなで考えていこうとしています。あとは、ラグビーにいろんなポジションがあって、それぞれ役割が違うように、そのプロジェクトのメンバーもそれぞれに違う役割があって、その人にしかできない役割があって、それをみんなで有機的にサポートしていったら、おもろいプロジェクトになる、というのをラグビーを通じて知って、今もやっているということですね。ここはラグビーもビジネスも組織運営もみんな一緒だと考えています。

ただまあ、スポーツをやっていたら、「あ・うんの呼吸」というのもありますし、まして ラグビーをやってたら、なんとなくでも、「みんなで助け合おう」というのが根底にあるんだなぁと実感します。今、普通のビジネスでは、「助け合う」というのが根底じゃないような人も、なかにはいますからね。残念ではあるんですけど。

宮本　あぁー、いるでしょうね。野球とかそんなヤツばっかりですけど（笑）。

廣瀬　いやいや、そんな（笑）。自分勝手な人は、周りにいますよね。だけどそれは、その人が悪いんじゃなくて、僕らが悪いのかもしれません。そうさせてしまっている可能性もある。まあ、そういう人もやっぱりいるなぁと、今あらためて学びになっているのが面白いですね。だからこそ、なんか「ラグビーっていいスポーツだな」って。もしくは「スポーツっていいなぁ」って、あらためて思ってますから（笑）。

宮本　でも、これからまた、現場に帰ってこられるときがあるでしょう。社会人のクラブや、日本代表でも監督をやられるかもしれないし。

廣瀬　えへへへ（笑）。どうなんでしょうねぇ。ラグビーのことはもちろん変わらず好きですし、日本のラグビー界にいろんな形で貢献していきたいという気持ちはいつも持っていますけど、それが指導者としてなのかと言われると、現状の僕は、他のいろんな方法を自分で探しているという感じですよね。
　宮本さんは、もう必ず現場に帰られるものだと僕らは思っていますけど、何か具体的なビジョンとかをお考えなんですか？

宮本　いや、具体的にはとくに何もないです。ただ僕はね、今の関わり方のほうが、自分には合ってはいるように思っているんです。同じ野球を教えるにしても、子どもたちと一緒になって「ああだこうだ」と言いながら成長していく姿を追いかけているほうが、自分には向いているような気がしています。

廣瀬　へぇー。もちろん否定はしませんけど、意外ですね。

宮本　まあでも、監督はやってみたいと思ってます。これは本音で。

廣瀬　はいはいはい。もちろん、プロ野球の監督ですよね。

宮本　そうですね。合っているのは、子どもらを教えること。僕はプロのコーチは2年間しかやってませんけど、自分の楽しみっていうだけだったら、やっぱり子どもたちと一緒にいるほうが面白いんじゃないかなぁー。

教え子がね、いろんな高校に進んで、甲子園に出場した子もいるんです。そういうのを見ていたら、やっぱりなんか嬉しいですよね。ドラフト指名された子もいて。そうやってみんな、どんどん成長していってくれたらなぁ、っていう楽しみな気持ちはすごくあります。それはありますけど、まあプロの場合は、シンプルに「やってみたいな」という感覚ですかね。

廣瀬　うんうん。その感覚、すごく理解できます。だから僕も今、トップの、現場の監督というよりも、もうちょっとマネジメント側というか、そっち系のほうに魅力を感じているんです。なんか「おもろいチームをつくる」というのは、現場以外の場所からでもできるんじゃないかって。それは興味がありますけどね。

宮本　GMとか、そういう経営的な仕事ということですか。

廣瀬　はい。そういう方向も含めて、何かスポーツの新しい可能性というか、ラグビーの価値が広がるとか、スポーツの価値がもっと高まるというようなことに、今はすごく興味がありますね。

宮本　それは逆に、廣瀬さんのような人にしかできないことかもしれませんね。いろんな視点とか、スポーツ以外の専門的な知識とか、競技にどっぷり浸かっていると、なかなかそこまで目が向かないですから。

廣瀬　ありがとうございます。プロ野球の監督って、やっぱり魅力のある仕事ですか？

宮本　あぁー……今はプロ野球の認知度も昔ほどじゃなくなりましたけど、それでも監督って、言ったら日本で12人しかなれないわけですから。曲がりなりにも「候補」に挙がっているのなら、「1回はやってみたいなぁ」「どんな感じなのかな」というのは考えますよね。

今、いろんなカテゴリーのアマチュアの選手が、「どんなことを考えているのか」「どんな課題があるのか」といったことを、身近にいて知るというのは、勉強のつもりでもありますし。さっき言った「成長を楽しむ」という気持ちは本当にあるし、むしろそっちのほうが強いんですけど、自分の勉強ということは常に意識していますね。

こうやって一つの言葉で選手がやる気になるのか、前に進めるのか、みたいなところも、いろいろ発見がありますからね。そういうことを勉強しながら、自分の引き出しを増やしていったうえで、どこかでもしオファーがあれば、「1回はやってみようかな」というのは頭にありますね。

廣瀬　どこでやられるのかが、気になりますけど（笑）。

宮本　あははは（笑）。もう、やれるとしたら、ヤクルトしかないでしょう。

廣瀬　他の球団からオファーが来ても、断られるんですか？

宮本　監督のオファーだったら、ヤクルト以外でも受けると思います。もう、コーチはいいです。自分でやりたいことができないんで。ヤクルトのコーチのとき、苦労しましたから。監督と「せーの」で意見を出し合ったら、合わないことがある。ほんでまあ、組織ですから、トップである監督の言うことが答えなわけで、部下であるコーチはそれを聞かなきゃいけない。そこは結構ストレス溜まりましたね。

廣瀬　あぁー。それはストレスでしょうね。どうにもならないし。

宮本　はい。合わないときは……。だからよく、監督とコーチは「仲良しはダメだ」とか言いますよね。いや、違うって。仲良しじゃないとできないですよ。気心が知れているから意見が合うわけですから。

　どんなに優秀な人をコーチに連れてきても、気心が知れてなかったら、成績不振とかで監督の立場が悪くなってきたら、もしかしたら次期監督の座を狙って足を引っ張るような可能性もあるわけじゃないですか。そうやって考えたら、やっぱりとことん信用ができないと、チームはスムーズに動かせないんじゃないですかね。だから、そこだけは気心の知れた人が絶対いたほうがいいと思ってます。

廣瀬　むちゃくちゃリアルな話やなぁ（笑）。

宮本　プロ野球の監督なんて、基本的に人をどうやって動かすかだけなんで。技術はみんな担当コーチが、それ専門にいっぱいいいますから。その人たちがやればいいという話なんです。それで選手に結果が出なかったら、その担当が切られていく。それが野球の組織ですから。そこはもう、任せればいいんです。監督は「どうやって人を動かすか」なんです。教えなくていいんで、楽は楽ですけどね。僕はやったことないから、そう思います。

廣瀬　そしたらプロ野球の監督は、直接の指導はあんまりしないんですか？

宮本　している人もいます。結構います（笑）。僕は、しないほうがいいと思っています。あれをやると、コーチの仕事がなくなっちゃうんですよ。コーチと監督の言っていることが違ったら、選手はみんな監督の言うことを聞きますから。そしたら、コーチの立場がなくなっちゃうでしょう。もし「こういうのをやらせたい」と思うものがあるのなら、担当コーチにきちんと説明してやらせたほうがいいです。自分は動かない。「見てないようで見てるよ」くらいのスタンスが、監督は一番いいんじゃないかな。
技術を教えるのは担当コーチなんです。僕がヘッドコーチのときも、担当コーチと一緒に教えたりしていましたね。よく教えながら間に入って「こうなんだよ」みたいな話をしてましたけど、あれも今考えると、あんまり僕がやらなくても良かったなと思います。ヘッドコーチって、そこをつないでいく部分の役割なんで。

廣瀬　なるほどなぁ。ヘッドコーチというものの役割が、野球とラグビーでは全然違うということが、あらためてわかりました。

宮本　ラグビーの場合は、スタッフの中に監督がいて、ヘッドコーチがいて。

廣瀬　いるっちゃーいるんですけどね。ヘッドコーチが直接練習に携わったりするんですよ。それが結構現場を仕切っている形です。で、監督とかもしくはGMというのは、もうちょっと現場以外のところもトータルで見てるという感じなんで。逆に僕らから見たら、野球は監督のイメージがすごい湧くんですけど、ヘッドコーチのイメージがあんまり強くないですもんね。
そこはメディアの取り上げ方が「監督」ということになるから、自然にそうなっていくんですかね。ちょっと面白いな。確かに横にいらっしゃるもんなぁ。ラグビーの場合、ヘッドコーチがなんだかんだ存在が立っていますよね、メディア的にも。ハーフタイムも、ヘッドコーチが前面に出てしゃべったりしていますからね。

宮本　野球の場合は、あとは選手の見立てですね。監督が「これだ」と思った選手を起用していくんですけど、そこで間違えちゃうと、チームづくりが遅れちゃうんです。それで何年も低迷が続いてしまう。だから僕がヘッドコーチをやっていたときの小川（淳司）監督は、村上をずっと我慢して使うっていうのは、それなりの覚悟があったんですよ。どれだけ三振しても、エラーしても、絶対にスタメンから外さなかったですから。これはもう、ヤクルトにとってはすごく重要だったし、小川さんは自分が勝つこと以上に、その部分では信念を持ってやられていたと思います。

廣瀬　やっぱりそこは大事ですよね。現場のコーチとかも、選手から言われますもんね、「何を見てるの？」みたいなことを。そうですよね。なるほどなぁ。

宮本　はい。見立てが悪いと、「なんでこれ使ってんの？」みたいに言われて、チームのバランスが崩れますからね。

廣瀬　宮本さんとずっとお話をしてきて感じるのは、野球の世界で頂点を極めてこられた方なのに、新しいものに対してもこんなに抵抗なく受け入れられるんだと、ちょっと意外なくらいに思っています。以前からそういう柔軟な思考だったんですか？　それとも、どこかで転換点があったんですか？

宮本　まあシンプルに、新しいものが出てきたら、「ちょっとやってみたい」という好奇心みたいなものがわりと強いタイプの人間ではありますね。だから現役のときでも、周りから聞かされたものに対して、とりあえず自分もやってみて、続けてみようと思うものもあれば、「これは違うかな」と思ってやめるものもありました。いずれにしても、一度やってみるということが重要かな、というのはずっと思っていましたね。

とくに打つほうに関してはあんまり得意なほうではなかったので、いろんな人から話を聞いたり、教わったりと、あの手この手でいろいろやってきたんです。だから未知のもの、新しいものに対しての拒否感みたいなことは、もともとまったくないんですよ。

そこにまた選手をやめてから、小学生とか中学生の指導をしたりする中で、「こういうふうにやっていったほうがいいんじゃないかな」というのを、子どもたちを教えながら考えたりしていたので、そういうことも大きかったんじゃないですかね。小中学生から、高校生、大学生、社会人と各段階の選手を教えていたら、それぞれ理解度も違えば、うまくできる子もできない子もいて、個人差があるということを実感できたし、今の若者たちの性格とか考え方みたいなところも、接することで初めて気づけたところもあったし。本当に運よく、そういうことができてるいるんです。

そりゃ、「本当はこうなんだけどな」と思うことはいっぱいありますよ。でも、一番大事なのは、先に信頼関係をつくらないとどうしようもない。何を言っても聞き入れてもらえないんで。そういうところもすごくわかりました。

逆に僕から廣瀬さんにお聞きしたいのは、僕らにはないような知識とか見識を持っておられて、それを今後、どういう形で活かしていかれるのかとても興味があります。ラグビーのことや、日本代表を頂点とした日本のラグビー界と、これからどんなふうに関わっていこうというビジョンをお持ちなんですか？

廣瀬　僕はこれまで、選手を引退してからは、わりとラグビーを外側から支える活動をやってきました。ワールドカップ日本大会のときでも、出場国の国歌をみんなで覚えて、歌ったりすることで、ラグビーという競技を通して一つの国際交流の形をつくれたらいいと考えていました。こういう活動は、これからも形を変えて継続的にやっていきたいと思っています。

まだプロジェクトを立ち上げるところまでは行っていないのですが、『応援の文化をもっとつくりたいね」といったことも、よく皆さんと話をしているんです。それをうまくまとめられたらいいんですけどね。ワールドカップのような大きな大会が日本で開催されたとか、日本代表が強豪国に勝ったとか、もちろんそういうトピックで注目されることもいいのですが、ラグビーという文化を日本に根づかせることをやっていきたいんです。

宮本　また、内側の部分では、世界と戦う経験をずっと積んできているエディー・ジョーンズさんが日本代表に戻って、僕自身もエディーさんから吸収できることは、まだまだたくさんあると思っています。今後もチームのリーダーを支える活動を続け、リーダーにおけるこれまでの知見も伝えていきたいですね。

廣瀬　ラグビーは、これからもいちファンとして応援させてもらいます。廣瀬さんがどこかのチームに関わることがあれば、そこにも注目して見させてもらいますので。

ありがとうございます。宮本さんは遠からずまたユニフォーム姿を見られると思っていますので、そのときには僕もファンの一人として応援させていただきます。

いろんなスポーツが支持されている今の時代に、野球もラグビーも、良い方向に向かって歩んでいけることを願っています。

宮本　本当にそうですね。それぞれの魅力を知ってもらえるように、また機会があれば、いろいろお話ししましょう。

宮本慎也

（みやもと・しんや）

1970年生まれ、大阪府出身。PL学園高校、同志社大学を経て、社会人野球のプリンスホテルに入社。1995年ドラフト2位でヤクルトスワローズに入団。1997年からレギュラーに定着し、1997年、2001年の日本一に貢献。アテネオリンピック野球日本代表（2004年）、北京オリンピック野球日本代表（2008年）ではキャプテンを務めた。2006年WBCではチームのまとめ役として優勝に貢献。2012年に2000本安打と400犠打を達成。ゴールデングラブ賞10回、オールスター出場8度。2013年に43歳で引退。現役引退後は野球解説者として活動。2018年シーズンからは東京ヤクルトスワローズの1軍ヘッドコーチに就任。2019年辞任。その後、NHK解説者、日刊スポーツ評論家の傍ら、学生野球資格を回復し、学生への指導や臨時コーチなどを務める。「解体慎書【宮本慎也公式YouTubeチャンネル】」も随時更新中。著書に『歩 −私の生き方・考え方−』（小学館）、『洞察力——弱者が強者に勝つ70の極意』（ダイヤモンド社）、『意識力』（PHP研究所）などがある。

廣瀬俊朗

（ひろせ・としあき）

1981年生まれ、大阪府吹田市出身。5歳からラグビーを始め、大阪府立北野高校、慶應義塾大学、東芝ブレイブルーパスでプレー。東芝ではキャプテンとして日本一を達成した。2007年には日本代表選手に選出され、2012年から2年間はキャプテンを務めた。現役引退後、MBAを取得。ラグビーW杯2019では国歌・アンセムを歌い各国の選手とファンをおもてなしする「Scrum Unison」や、TVドラマへの出演など、幅広い活動で大会を盛り上げた。同2019年、株式会社HiRAKU設立。現在は、スポーツの普及だけでなく、教育・食・健康に関する活動や、国内外の地域との共創に重点をおいたプロジェクトにも取り組み、全ての人にひらけた学びや挑戦を支援する場づくりを目指している。2023年2月、神奈川県鎌倉市に発酵食品を取り入れたカフェ『CAFE STAND BLOSSOM～KAMAKURA～』をオープン。著書に『ラグビー知的観戦のすすめ』（KADOKAWA）、『相談される力 誰もに居場所をつくる55の考え』（光文社）、『なんのために勝つのか。ラグビー日本代表を結束させたリーダーシップ論』（小社）などがある。

装丁・本文デザイン ……小口 翔平+神田つぐみ（tobufune）
DTP ……………………松浦 竜矢
カバー写真 ………………松岡 健三郎
校　正……………………東京出版サービスセンター
撮影協力…………………KKRホテル東京
構　成……………………矢崎 良一
編　集……………………吉村 洋人

キャプテンの言葉

2025（令和7）年3月27日　初版第1刷発行

著　者　宮本 慎也
　　　　廣瀬 俊朗
発行者　錦織 圭之介
発行所　株式会社 東洋館出版社
〒101-0054　東京都千代田区神田錦町2-9-1
コンフォール安田ビル 2F
（代　表）　TEL 03-6778-4343　FAX 03-5281-8091
（営業部）　TEL 03-6778-7278　FAX 03-5281-8092
URL　https://toyokanbooks.com/
振替　00180-7-96823

印刷・製本　岩岡印刷株式会社

ISBN　978-4-491-05843-6 / Printed in Japan